English and Culture Alive

오현주
Hyun Ju Oh

쌩쌩영어 쌩쌩문화

지식인

Authors

오현주(Hyun Ju Oh)

- 영남대학교 화학과 졸업
- 숙명여자대학교 대학원 영문과 영어교육 석사 취득
- 미국 Indiana, Ball State University 어학 및 학부과정
- International Women's Club 한국문화 홍보
- Far East Exchange Program 통번역 담당
- 2019년 대한민국 한복모델선발대회 최우수상 및 포토제닉상 수상
- 2019년 대구시 주최 시니어 홍보모델선발대회 금상 수상
- 백석대학교 영어강사 역임
- 현, 수성대학교 겸임교수
- 현, 대구보건대학교, 영남이공대학교, 폴리텍대학교 출강

〈학술활동〉

- 한국영어어문교육학회 회원
- 학술지 「영어어문교육」에 게재된 논문(*Barriers to English Communication at the Korean EFL Adult Level*) 이외 여러 편

e-mail : e-hae@hanmail.net
instagram : jehohjohj

쌩쌩영어 쌩쌩문화
English and Culture Alive

2021년 1월 15일 초판 1쇄 인쇄
2021년 1월 20일 초판 1쇄 발행
2021년 8월 20일 초판 2쇄 발행

지은이 | 오현주
펴낸이 | 김종욱 · 명사동
펴낸곳 | 지식인
등 록 | 제301-2013-134호
주 소 | 서울시 도봉구 도봉로 180길 20 투웨니퍼스트 102동 602호
전 화 | 02)2266-8606 (대)
팩 스 | 02)2266-8607
E-mail | jisikin2013@naver.com
홈페이지 | www.jisikinbook.co.kr

ISBN 979-11-90815-71-0 (93740)

값 17,000원

쌩쌩영어 쌩쌩문화

English and Culture Alive

서 평:

영어 학습만큼 우리들에게 익숙한 화두는 없다. 그러나 그만큼 해결하기 어려운 과제도 없다. 문제는 우리 일상생활 속에 영어는 그저 학교시험이나 취업준비 할 때에나 존재가치가 있다는 것이다. 언어는 사회적인 맥락 속에서 숨 쉬고 활동하면서 유통되고, 거기서 새롭게 창조되어 가고 변화하면서 발전해 간다. 마치 사람처럼 말이다. 사회적인 진공상태에서 학습하려고 하면, 언어의 생명력은 반감되고, 얼마 안가서 숨도 못 쉬고 그만 사그라져 버린다. 우리가 대하는 영어 학습 교재도 이런 점을 반영하지 못하면, 쓸모가 없어지는 것이다. 오현주가 이 책에서 담아내고 싶은 것은 바로 언어의 사회적 맥락을 고려하여, 언어가 어떻게 사용되고 있는 가를 자신의 절절한 체험을 바탕으로 적어내고자 한 것이다. 이야기 속에 언어가 어떻게 짜여 들어가 있는지를 쉽고 재미있게 풀어내려고 한 노력이 돋보인다.

(숙명여자대학교 전 총장, 황선혜)

외국어를 배우는 과정은 상대방 문화에 대한 이해의 폭을 넓히는 과정이다. 말은 문화의 다른 표현이며, 언어에는 그들의 문화가 곳곳에 묻어있다. 영어라고 다를 것이 없다. 오랫동안 대학에서 의사소통으로서 영어를 강의해 온 저자가 자신의 미국 생활과 대학에서 학생들을 가르친 경험을 바탕으로 영어 표현과 관련한 흥미로운 뒷이야기를 풀어내고 있다. 영어와 문화를 통해 영어에 좀 더 가까이 다가가고 싶은 이들에게 유익한 길잡이가 될 수 있는 책이다.

(서울대학교 영어교육학과 교수, 이병민)

기대 반 두려움 반으로 미국 유학을 준비하던 때, 그리고 이해 안 되는 영어와 문화 차이로 힘들었을 때 내 옆에 이 책이 있었더라면 얼마나 좋았을까 하는 생각이 들었다. 미국문화와 영어에 관심 있는 독자들에게 실제적인 도움을 줄 책이다.

(숙명여자대학교 영문학과 교수, 이숙희)

미국의 유명한 영어교육학자 Brown이 얘기했듯이, 영어는 문화의 일부분이며 문화는 영어의 일부분이다. 이 책은 저자가 미국에서 4년 동안 거주하면서 지역사회의 다양한 활동에 참여하고 미국 친구들과 상호작용하며 체험한 미국문화와 살아있는 영어 표현들을 소개하고 있어서 영어를 공부하는 학습자들의 흥미를 자극시키기에 충분하다. 학교생활에서부터 음식문화, 쇼핑문화에 이르기까지 다양한 미국문화를 재미있는 이야기 식으로 풀어나가는 방식은 매우 인상적이고 이 책의 중요한 특징이기도 하다. 독자들의 영어 수준에 관계없이 쉽고 재미있게 영어와 문화를 동시에 받아들일 수 있는 일석이조의 지침서가 되리라 믿는다.

(영남대학교 영문학과 교수, 정우현)

Korean students really need this book and I hope deep in my heart that every middle school and high school along with the Universities will use this book. The situational dialogues in the textbook are what goes on in real life. The author has captured the real meaning of natural conversation. The students will find great pleasure learning English language and culture through this book. The dialogues in the textbook will help students improve their English communication skills as well as raise cultural awareness.

(전 순천향대학교 교수, Carole G. Legault)

PREFACE:

어느 날 문득 가야 할 날보다 지나온 날들이 더 많음을 실감했다. 서른이 되면서 첫 대학 강의를 시작했지만 이렇다 할 나의 책이 없었음이 아쉬웠다. 작년 봄학기 한국을 홍보할 수 있는 전국 규모의 대회에 참가할 기회가 생겼고, 국제무대를 서게 되면 어떤 얘기를 할까 고민하면서 자기소개서의 글을 쓰게 되었다. 그동안 잊고 지낸 나의 존재를 떠올리며 그저 바쁘게만 살아온 나에게 집필의 강한 의지를 심어준 순간이었다. 미국에 있을 때 여러 국제적인 문화행사에 참여하면서 겪은 체험과 실수가 어우러진 이야기들은 수업에도 도움이 되었다. 그래서 컴퓨터 앞에 앉아 한 줄 한 줄 써 내려갔다.

영어학습의 결정적 시기를 지난 학습자들에게 외국어로서 영어를 좀 더 자연스럽게 즐기고 활용하는 방법에 대해 늘 고민하였다. 미국에 있는 동안 남편은 학위 취득을 위한 전공 공부에 매진해야 했지만, 나는 생활밀착형 영어에 관심이 많았다. 독자들의 관심과 흥미를 끌 수 있는 에피소드와 문화 소개를 책에 담고자 노력했다. 하지만 길지 않은 미국생활에서 느낀 지극히 개인적인 의견도 있고, 이미 한국에 온 지 벌써 몇 해가 지났기에 그 사이 문화적 괴리감도 생겼으리라 생각한다.

언어 습득은 듣고, 말하고, 읽고, 쓰는 순서를 거친다. 쓸 줄 아는 것까지가 완성의 단계이다. 하지만 태어나서 지금까지 편하게 모국어를 듣고, 말하고, 읽어왔지만 쓰는 작업이 이렇게 힘든 줄은 미처 깨닫지 못했다. 하나의 어구가 떠오르면 또 다른 어구가 그 위를 메우려 하여 어느 어구와 어느 표현이 더 좋을지 판단하기가 어려운 순간이 매번 일어났다. 여러 차례 내적 혼동과 마찰을 겪으며 한 챕터 한 챕터를 마무리하게 되었다. 챕터별 다른 상황 설정이기에 관심 주제별로 봐도 무방하다.

부담 없이 한 장을 읽을 수 있고, 읽고 나면 뭔가 배운 것이 있고, 그리고 다음 장이 궁금해지는 그런 책이 되길 희망한다. 또한 혼자서만 되뇌는 영어가 아니라, 적극적으로 표현되는 영어로 활용되길 진심으로 소망한다.

옛날 나의 학위논문을 지도하셨던 것처럼 세세히 도움을 주신 숙명여대 황선혜 전 총장님과, 문법이론을 체계적으로 정립해주신 숙명여대 이숙희 교수님, 그리고 영어교수법을 효율적으로 지도해주신 서울대 이병민 교수님께 진심어린 감사를 표한다. 또한 이 책의 영어 표현이 좀 더 자연스러울 수 있도록 꼼꼼하게 교정을 해 준 30년 지기 친구이자 전 순천향대 교수인 Carole G. Legault도 감사하다. 아울러 바쁜 시간을 쪼개어 편집 업무를 뒷받침해 준 소중한 친구들 김문성 선생님과 박성신 선생님께 뜨거운 고마움을 전한다. 마지막으로 내 평생의 친구이자 가족인 영남대 교수 정우현 그리고 든든한 딸 은혜에게 사랑하고 고맙다는 말을 전하고 싶다.

CONTENTS:

SECTION A

Casual Life

일상생활

01. Couch Potato(TV를 보며 시간 보내는 사람)

02. I'm All Thumbs(나는 서툴러요)

03. My Schedule Works(나의 스케줄은 괜찮아요)

04. No More Nine to Five(더 이상 정시 출 · 퇴근은 없어요)

05. My Second Hometown(나의 제 2의 고향)

01 Couch Potato
TV를 보며 시간 보내는 사람

Dialogue

A Are you still there? Almost a brunch time. Such a couch potato! No physical activities!

B Mom! Today is Sunday. I just want to relax, please.

A It's already ten to eleven. You spent long hours lying down watching TV last night.

B You keep saying, "Do this, do that." It drives me crazy. I don't wanna listen to a back-seat driver around the clock.

A I didn't mean to hurt you.

B The mid-term exam was over yesterday.

A I know. You deserve a rest.

B Sorry, mom. Gimmie a break.

A OK, honey! Get some rest and talk to you later.

A 아직도 거기 있니? 이제 곧 브런치 타임인데! 게으름뱅이~ 운동도 안하고.

B 엄마! 일요일이잖아요. 좀 쉬고 싶어요.

A 벌써 11시 10분 전이야. 어젯밤도 TV 앞에서 내내 누워 있더니!

B 계속 이거 해라 저거 해라 하시는데, 그게 힘들어요. 내내 잔소리 듣고 싶지 않아요.

A 너의 기분을 상하게 할 생각은 아니었어.

B 중간고사가 어제 끝났잖아요.

A 알아. 그래 좀 쉴만해.

B 죄송해요, 엄마. 좀 봐주세요.

A 알았어. 쉬고 나중에 얘기하자!

주요 어휘 및 표현

- almost a brunch time: 거의 브런치 시간(breakfast + lunch)
- couch potato: 소파에 빈둥대며 TV를 보는 게으름뱅이(=homebody)
- physical activities: 육체적 활동
- it's already ten to eleven: 벌써 11시 10분 전이야(10시 50분)
- spend long hours lying down: 오랜 시간을 누워있으며 보내다
- keep ~ing: 계속해서 ~하다
- listen to a back-seat driver: 잔소리 듣다
- around the clock: 24시간 내내
- I don't mean to~: ~할 의도는 아니다, ~할 작정은 아니다
- deserve a rest: 쉴 자격 있다
- gimmie a break: 쉬게 해주세요, 좀 봐주세요
- talk to you later: 나중에 얘기하자

재미있는 문화 이야기

'couch potato'는 '아주 게으른 사람'을 의미한다. 흔히 '텔레비전'을 'Idiot box'(바보상자) 혹은 'Boob tube'(얼간이 브라운관)이라고 부르며 '텔레비전 시청을 많이 하는 사람'을 'Boob tuber'라 칭한다. 'tuber'란 감자 따위의 덩이줄기로 사실상 '감자'란 뜻이다. 즉, 'couch potato'는 '소파에 앉아 TV를 보는 감자'라는 설이 있다. 또 소파(couch)에서 감자칩을 먹으며 시간을 죽인다(killing time)는 말에서 나왔다는 이야기도 있다. '유튜브'(You Tube)는 사용자가 동영상을 자유롭게 올리거나 볼 수 있는 구글의 콘텐츠로 명실상부 세계 최대의 비디오 플랫폼이다. 여기서 'You'는 '당신', 'Tube'는 '텔레비전'의 별칭으로, 즉, 개인이 만드는 텔레비전 또는 개인방송의 뜻이다.

'It's already ten to eleven'은 벌써 11시 10분 전으로, 즉 10시 50분이다. 30분을 기준으로 30분까지는 past(after)를 쓰고 31분에서 60분까지는 to를 써서 전(before)이라고 표현한다. 이때 분을 먼저 쓰고 시를 나중에 쓴다. 예를 들어, 11시 10분은 ten past eleven이다. 9시 15분은 quarter past nine이며, 9시 15분 전은 quarter to nine으로 8시 45분이다. 여기서 quarter는 1/4로 fifteen(15)의 의미다. 10시 30분은 half past ten이다.

이왕 나온 김에 분수 읽는 법도 알아보자. 우선 분자를 먼저 읽되 기수로 쓰고, 그 다음 분모를 서수로 쓰면 된다. 예를 들면 1/3은 one third이다. 1/2은 a half, 1/5은 one fifth다. 1과1/5같은 대분수의 경우는 one and one fifth이다. 2와1/3은 two and one third이다.

가감승제도 알아보자. 우선 2+3 = 5 Two plus three is(are / equal / make) five.이다. 5–3 = 2 Five minus three is two.이며, 2×3 = 6은 Two multiplied by three is six.가 된다. 여기서 'multiply'는 '곱하다'이고, 'divide'는 '나누다'이다. 6÷3 = 2는 Six divided by three is two.가 된다.

'a back-seat driver'는 잔소리꾼인데, 단어 자체에서 유추하듯이 뒷좌석 운전사이다. 운전도 하지 않으면서 뒤에 앉아 우회전하라, 유턴하라 등 잔소리를 하는 상황을 빗대는 표현이며, 의미가 확장되어 참견하기 좋아하는 오지랖 넓은 사람(busybody)으로도 쓴다.

02 I'm All Thumbs
나는 서툴러요

Dialogue

A You know the meaning of "I'm all thumbs"?

B Sure. It means a person is clumsy, awkward and uncoordinated. This is used when we're not good at doing something like cooking, computing or whatever, right?

A Yes, it is. But it doesn't always have a negative meaning.

B Does it have a positive meaning, too?

A Uh-huh! Today teenagers are using it in a different way.

B What do you mean?

A Have you watched a young man texting on the smartphone? He's texting with just his thumb at the speed of light.

B Ha ha! Right, right.

A The younger generation uses this expression as a compliment.

B Got you! I'm totally with you.

A 'I'm all thumbs'라는 표현 아니?

B 당연하지. 서툴고, 어색하고, 정리를 잘하지 못하는 사람을 의미하잖아. 요리나 컴퓨터 같은 걸 잘하지 못할 때 하는 말이야, 그렇지?

A 응, 맞아. 그런데 항상 부정적으로 쓰이는 것만은 아니야.

B 그게 긍정적인 의미도 가지고 있니?

A 물론이지! 요즘 십대들은 다른 방식으로 쓰고 있어.

B 어떻게 쓰고 있는데?

A 요즘 젊은 사람들이 스마트폰으로 문자하는 거 본 적 있지? 엄지손가락 하나로 거의 빛의 속도로 문자하잖아.

B 하하! 맞아, 맞아.

A 젊은 세대에서는 이 표현을 칭찬으로 쓸 수도 있다는 거지.

B 맞네. 완전 공감해.

주요 어휘 및 표현

- I'm all thumbs: 서툴다, 재주가 없다
- clumsy: 서툰, 어색한, 조직적이지 못한(=awkward, uncoordinated)
- text: 문자, 문자하다
- at the speed of light: 빛의 속도로
- as a compliment: 칭찬으로
- got you: 알겠어, 이해하다
- be totally with you: 완전 공감하다

재미있는 문화 이야기

다섯 손가락이 모두 엄지손가락처럼 굵고 짧다면 손의 움직임이 엄청 불편하고 세련되지 못할 것이다. 그래서 'all thumbs'는 '서툴고 어색하다'는 의미인 'clumsy'나 'awkward'처럼 쓰인다. 요즘 말로 똥 손이다. 보통 정원 가꾸기, 물건 고치기, 악기 연주, 기계 다루기 등 손으로 하는 모든 것에 적용된다. 재미있는 표현으로 'butterfingers'가 있다. 버터 묻은 손으로 물건을 잡으면 미끄러져 물건을 잘 떨어뜨리게 되기에 'all thumbs'와 같은 의미로 사용된다. 그런데 흥미롭게도 요즘 젊은 세대들은 스마트폰을 쓸 때 주로 엄지손가락 하나로 빛과 같은 빠른 속도로 소통하니, 모든 손가락이 엄지손가락이라는 것은 긍정적인 의미로도 사용될 수 있다.

이와 같이 한 단어에서 상반된 의미를 가지는 표현들이 몇 가지 있다. 'Vulnerability is dope.'라는 표현이 있다. '부족함이 매력'이란 뜻으로 티셔츠에도 새기며 즐겨 입곤 한다. 'dope'란 도핑 테스트 할 때 '마약'이란 의미도 있고, '멍청이', '얼간이' 그리고 '멋진, 좋은'이란 뜻도 있다. 언뜻 보기에는 '멍청이'란 뜻과 '멋진'이란 상반되는 의미인 것 같지만, 결국 약간 모자라는 사람이 '멋진'(cool) 사람이란 뜻이다. 즉, "약점이 있다는 것은 멋지다."이다. 너무 완벽한 사람보다는 부족해 보이는 사람이 더 멋지고 주변을 편안하게 한다는 의미일 것이다. 또 다른 예로, 'naive'란 형용사는 '순진한, 순수한'의 'pure'라는 의미로는 긍정적이다. 하지만 '너무 순수해서 세상 물정을 몰라 답답하고 눈치가 없는'이라는 부정적인 의미도 있다.

그리고 'identity'라는 단어의 이중적 의미도 살펴보자. 사전적 의미로는 '신분, 정체성, 독자성, 동질감' 등이 있다. 정년 보장이 없는 비정규직이나 계약직 종사자들은 'identity'(신분)가 확실한 이들을 부러워하는 경향이 있다. 그러나 한편으로는 부정적인 의미로도 사용될 수 있다는 것을 기억하자. 정체성으로 사용될 때는 남들과 구분되는 자신만의 특징으로 좋은 의미가 되지만, 너무 자신만의 세상에만 머물다보면 발전적이거나 진취적이지 못하고 한 곳에만 머물러 있다는 의미도 된다. 즉, '독단이나 고집'의 의미도 함축되어 있음을 알고 사용해야 한다.

'thumbs up'은 '칭찬'을 뜻하지만 'thumbs down'은 '반대'이다. '과한 칭찬'에는 '100 thumbs up!'도 좋다. 참고로 'all ears'는 '온 신경이 귀로 집중되어 들을 준비가 되었으니 말해보란' 뜻이다.

03 My Schedule Works
나의 스케줄은 괜찮아요

Dialogue

A Hi! How is everything going on these days?

B I'm terribly busy looking for a job after graduation.

A So am I. We are in the same boat.

B According to the newspaper reports, the government is trying to decrease the unemployment rate, but it's not working.

A I'm going to the library to get some information from the milk round.

B Do you mind if I come along?

A Of course not, as long as your schedule works. We can also find some want ads in the library.

A 안녕! 요즘 별 일 없지?

B 졸업 후 직업을 구하느라 엄청 바쁜 편이야.

A 나도 그래. 우리는 같은 처지에 있네.

B 신문에 따르자면, 정부가 실업률을 낮추기 위해 노력하고 있다는데, 효과는 없는 것 같아.

A 도서관에 가서 밀크라운드로 정보를 좀 얻을까 해.

B 나도 함께 가도 될까?

A 물론이지, 네 스케줄만 된다면. 신문 광고란도 보려고.

주요 어휘 및 표현

- terribly busy ~ing: ~하느라 심하게(몹시) 바쁜
- So am I: 나도 그래(=I'm busy, too)
- we are in the same boat: 우리는 같은 입장에 처해 있다
- according to~: ~에 따르자면
- decrease the unemployment rate: 실업률을 감소시키다
- not work: 효과가 없다(work 동사로 사용됨)
- the milk round: 우유 배달원, 취업 설명회
- want ads: 신문 광고란(구인 구직란) (=classified ads)
- mind if~: ~하면 꺼릴까요? 괜찮을까요?
- of course not: 물론 꺼리지 않지, 당연히 괜찮지
- as long as: ~하는 한(=as far as)
- schedule works: 스케줄이 작동되다, 시간이 되다

재미있는 문화 이야기

'Milk round'의 사전적인 의미는 "우유배달원"이다. 하지만, 기업체가 매년 회사 홍보를 위해 대학을 방문하는 일이 잦아지면서 'Milk round'는 "취업설명회" 뜻으로 영국에서 쓰이기 시작하며 보편적 의미로 자리 잡게 되었다. 최근에는 기업체 신규 채용이 줄면서 밀크라운드로 채용 기회를 잡는 것도 쉽지 않은 일이 되고 있다.

"내일 시간 있니?"는 질문에, 상대는 "My schedule works."라고 했다. 그래서 나는 "Sorry to hear that."이라고 말했고 소통이 막혔다. 상대는 '시간이 된다'는 뜻인데, 나는 상대방 스케줄이 근무 일정으로 잡혀있는 줄 알고 '유감'이라는 반응을 보낸 것이다. 또한 상대의 스케줄이 'doesn't work'일 때는 상대가 편한 시간에 연락을 달라는 표현으로 'Give me a call at your convenience'가 있다. 'at your earliest convenience'는 상대가 '편리한 시간에 하되, 가능한 가장 빠른 시간이면 좋겠다'는 간절함이 담겨있다. 예의바르고 상대를 배려하는 의미가 함축적으로 내포된 것이다. 컴퓨터가 작동하지 않을 때 또는 필기도구 등이 더 이상 잘 써지지 않을 때도 'doesn't work'라고 쓴다. 혹은 사람처럼 'dead'라는 표현도 사용할 수 있다. 또한, 컴퓨터실에 컴퓨터가 고장이 나면 A4용지에 'DEAD'라고 적어서 붙이기도 한다.

흔히 'I'm in the same boat.'는 '같은 배를 탄 공동 운명체'라는 뜻으로, 한국식 표현도 영어와 비슷하다. 항해의 위험이 컸던 고대 그리스 때부터 사용된 표현이다.

'mind'는 명사로 '마음, 정신'을 의미한다. 위 대화에서는 동사로 '꺼리다, 싫어하다'로 부정의 의미가 있다. 긍정으로 답할 땐 부정을 쓰고, 부정으로 답할 땐 긍정을 쓴다. "Do you mind if I kiss you?"에서 키스를 해야 할 상대방이 마음에 들지 않는다면 "Yes, I do."로 대답한다. 키스를 하고 싶다면 "No, I don't."이다. 'mind'가 포함된 의문문의 긍정 대답은 위 예문과 같이 "Of course not"이나 "Surely not" 또는 "Certainly not" 등을 쓰며 '꺼리지 않는다'는 뜻이다.

사실 원어민도 "Do you mind~?" 질문에는 'Yes'나 'No'가 상대방에게 혼동을 줄 수 있다고 한다. 그래서 뒤에 긍정적인 의미의 표현이나 몸동작 등을 사용하여 명확하게 하는 경향이 있다. 언어란 정답의 표현이 있는 것이 아니므로, 본능적으로 상황을 이해하고 그에 맞는 몸짓을 전달하는 것도 훌륭한 소통의 방법이다.

04 No More Nine to Five
더 이상 정시 출 · 퇴근은 없어요

Dialogue

A Hi, sweeties!! Today we're talking about what you wanna do, when you marry and how many kids you want to have in the future.

B I don't want to get married.

A Why not?

B I don't know why I should share the money I earn with someone?

A Hum, she's not someone but your wife. She is your life long partner.

B In fact, I'm not sure if I can get a stable job. I can't afford to buy a house. Who takes care of babies if I have a baby? I'm not that big man to support them.

A Two heads are better than one. It's easier for two persons to help each other than it is for one person to solve problems alone.

B I just want to work as a freelancer. No more nine to five!

A 안녕, 여러분! 오늘은 여러분들이 미래에 무엇을 하고 싶은지, 언제 결혼하고 싶은지, 그리고 아이는 몇 명을 가지고 싶은지에 대해 이야기를 나눠볼까 해요.

B 전 결혼을 원하지 않아요.

A 왜 원하지 않아요?

B 제가 번 돈을 왜 누군가와 나눠야 하는지를 모르겠어요.

A 음, 그녀는 누군가가 아니고 아내예요. 평생을 함께 할 동반자잖아요.

B 사실, 제가 안정된 직업을 가질지도 모르겠어요, 집을 살 여유도 없고요. 만약 아이를 가진다면 누가 키우죠? 저는 그들을 뒷받침할 만큼 큰 인물도 못돼요.

A 백지장도 마주 들면 낫지 않을까요? 혼자 문제를 해결하는 것보다 함께 하면 더 쉽게 할 수 있을 거예요.

B 저는 프리랜서로 일하고 싶어요. 정시 출·퇴근하는 사무직은 원하지 않아요.

주요 어휘 및 표현

- marry someone: 누구와 결혼하다(=get married to someone)
- share the money I earn : 내가 번 돈을 나누다(earn = make)
- lifelong partner: 평생을 함께 할 동반자
- not sure if I can get a stable(steady) job: 안정된 직업을 구할지 확실하지 않은
- can afford to: ~할 여유가 되다(=be affordable to)
- Two heads are better than one: 백지장도 마주 들면 낫다(=Many hands make light work)
- nine to five: 9시 출근, 5시 퇴근하는 일반 사무직

재미있는 문화 이야기

전 세계적으로 유행한 팬데믹으로 인해 최근 비대면(uncontact: 줄여서 untact) 시장이 커지고 있는 추세이다. 소비구조도 급격하게 바뀌며 유통업계, 기업, 종교, 정치 등 여러 사회적 관계가 모두 비대면으로 전환되었다. 4차 산업혁명 기술은 무엇보다도 연결성을 강조하지만, 사람들은 접촉을 불편하게 여기는 아이러니한 현상이 일어나고 있다. 젊은 층간에는 싱글라이프가 일반적이고 온라인 상의 대화가 보편적이다. 비대면 시장의 특징은 매일 직장으로 출·퇴근 하는 개념이 사라진다는 것이다. 'nine to five'라는 단어는 이제 무색해진다. 재택근무를 선호하며 노동의 유연성을 발휘하게 되었다. 물론 다음 달 수입이 고정적이지 않을 수도 있다. 위 대화는 현 사회현상의 한 단면을 보여준다.

한 회사에서 글로벌 기술자(global engineer)를 뽑는다는 광고를 하는데, 직장이란 곳은 애초에 없다고 한다. 정해진 국가가 없다. 각자가 사는 곳이 직장이다. 원격(remote control)으로 아이디어를 나누고 화상회의로 결정을 한다. 장소의 제약이 없다. 같은 목표를 가진 사람들 간의 수평적 의견 교류와 수직적 의견 전달이 유연하게 이루어지는 것을 요한다. 예전에는 일류대학 출신에 석·박사 과정을 마치면 인생의 순항을 보장받을 확률이 높았다. 이제는 더 이상 아니다. 석·박사에 긴 시간을 보내는 동안 교육, 사회 전반의 급격한 변화로 재교육의 필요성에 부딪힐 수도 있다. 대학을 거치지 않고 직접적 고용 창출이 가능하다. 학위 유무에 상관없이 4차 산업기술에 능숙한 인재가 선호된다. 비대면 사회 환경은 인재상의 변화와 그에 따른 교육의 혁신이 요구된다.

'nine to five'의 사전적인 의미는 9시부터 5시에 마치는 일반적인 '사무직 근무' 시간을 뜻한다. 즉, 'nine to five job'하면 일반적 사무직이다. 그 외에 재미있는 표현을 보자. 'girl next door'란 원뜻은 옆집 소녀이지만, 사실은 친근한 이미지를 가진 '평범한 여성'을 의미한다. 'marry a girl next door'는 평범한 여성과 결혼한 것이지 옆집 여성과 결혼한 것이 아니다. 'birthday suit'란 '생일 수트'인데, 생일날 입는 멋진 정장이 아니라 태어날 때는 아무것도 입지 않은 상태이므로 알몸이란 뜻이다. 'snail mail'은 달팽이 우편으로 즉각적인 발신 수신이 가능한 전자우편과는 달리, 여러 날이 걸려야 도착하는 '일반우편'을 일컫는다.

05 My Second Hometown

나의 제 2의 고향

Dialogue

A One of the most interesting places to me in Indiana was Muncie Reservoir called Prairie Creek Reservoir. It's the largest park in Muncie. On sunny weekends, I used to go on a picnic there.

B Does it have any facilities we can use?

A Yes, there are many leisure places for fishing, boating, water sports, as well as places for hiking and campsites available. There are also a laundry service and showers.

B You can enjoy small indulgence.

A Yeap! A delightful life and sweet time!

B You miss them a lot, don't you?

A You can say that again. It's just like my second hometown.

A 인디애나에서 내가 가장 좋아했던 곳은 프레릭 크릭 저수지라고 불리는 먼시 저수지야. 먼시에서 가장 큰 공원으로 햇살이 좋은 주말마다 소풍을 가곤 했어.

B 우리가 이용할 수 있는 편의시설도 있니?

A 응, 하이킹과 캠프장 뿐 아니라 낚시, 캠핑, 보트타기, 수상스포츠 같은 레저공간도 있어. 또한 세탁시설과 샤워시설도 있어.

B 소소한 즐거움을 누릴 수 있는 곳이네.

A 맞아! 즐거운 삶과 달콤한 시간들이지.

B 그곳이 많이 그리울 것 같아, 그치?

A 당연하지. 그곳은 내게 제 2의 고향 같은 곳이야.

주요 어휘 및 표현

- one of the most interesting places: 가장 흥미로운 곳들 중 하나
- on sunny weekends: 햇살 좋은 주말마다
- used to go on a picnic: 소풍을 가곤 했다
- facilities we can use: 우리가 사용할 수 있는 편의시설
- leisure places: 레저 공간들
- laundry service: 세탁서비스
- B as well as A: A뿐 아니라 B도
- small indulgence: 작은 즐거움
- You can say that again: 전적으로 동의해

재미있는 문화 이야기

프레릭 크릭 저수지(Prairie Creek Reservoir)는 내가 있었던 동네에서 가장 아름다운 곳이다. 이 저수지는 이름 그대로 대평원(Prairie)이다. 인디애나를 포함한 미국 중부 지역은 산이 없어 오르막이나 내리막이 없이 그냥 끝없는 평지의 연속이다. 그래서 평지를 달리는 곳만 익숙해진 차들은 힘이 없다고 한다. 마치 사람도 오르막과 내리막을 번갈아가며 달려야 육체근육이 단단해지는 것과 같은 이치이다.

내가 머물던 아파트에서 20여분 차로 달리면 "우와!"라는 감탄이 절로 나오는 이곳에 도착할 수 있었다. 계절별로 아름다움이 다르기 때문에 야외 결혼식장으로도 선호된다. 미국에서 아버지처럼 따랐던 Dr. Houck와 햇살 좋은 날에는 작은 배를 차에 싣고 가서 함께 타곤 했다. 모터를 단 배가 속도를 낼 때면 제법 신이 났다. 또 바비큐파티도 즐겼다. 여름이면 수영복을 입고 선탠을 하며 각종 수상스포츠도 즐겼다. 이곳에서 여유와 느긋함을 배웠다. 말이 저수지이지 끝이 보이지 않을 정도이니 '고요한 바다'라고 해도 무리가 없다.

반면에, 미국 하면 힘들었던 기억도 떠오른다. 뉴욕에 간 적이 있다. 매우 추운 뉴욕 날씨에 제대로 적응을 못한 우리가족은 주차의 불편함까지 겹쳐 불협화음이 끊이질 않았다. 사진을 찍을 때에만 밝은 표정을 지었는데, 지금 생각해도 겸연쩍다. 너무 추워서 타임스퀘어 근처의 옷가게에 들어가 외투를 샀던 기억, 맥도널드 화장실에서 긴 줄을 섰던 기억, 묵었던 호텔에서 제공되는 아침식사의 빵을 챙겨왔던 기억, 모두가 지금은 아름다운 추억이다. 완벽한 조건만이 있었다면 기억에서 묻혔을지도 모른다. 돌아보면 힘들고 어려운 시간에 대한 기억이 오래오래 남는다.

'indulgence'는 '탐닉, 쾌락'이란 의미로 나에게는 부정적인 느낌으로 자리 잡고 있었는데, 미국에서는 긍정의 의미로 사용되기도 한다는 사실을 알았다. 최근 커피업계 선두기업 중 한 곳의 광고에 'SMALL INDULGENCE / DELIGHTFUL LIFE & SWEET TIME'이란 표현을 보고 반가웠다. 실제로 'indulgence'는 하고 싶은 대로 하는 것, 꼭 필요한 것은 아니지만 자신의 즐거움을 위해 기꺼이 하는 작은 사치나 남의 결점에 대해 관용을 베푸는 등의 긍정적인 의미로도 쓰인다. 바쁜 일상 속에서 소소한 탐닉을 즐기며 타인에게 관용을 베푸는 여유는 행복의 시작일 수도 있다.

SECTION B

Interpersonal Dialogue

사교적 대화

06 Small Talk
사교적 잡담

Dialogue

A How're you doing?

B Nothing special. And you?

A Just as usual. How is Kelby?

B Oh, she went to Denver. She is working as a hotelier there.

A Really? That's a great change for her. Does she like her job?

B Well, I haven't talked to her for a while.

A Oh... I'll contact her. Have you been to Denver?

B No, I haven't. Have you?

A No, but I went to Hershey, Pennsylvania a couple years ago.

B Wow, the chocolate city, the sweetest place on Earth? How was it?

A It rained cats and dogs. But the Hershey Story Museum was thumbs up!

B I'd like to visit there some day.

A 잘 지내고 있지?

B 그냥 특별한 일 없이 그저 그래. 너는?

A 나도 늘 그렇지 뭐. Kelby는 어때?

B 아~ 그녀는 덴버에 갔어. 거기에서 호텔리어로 일하고 있어.

A 진짜? 큰 변화네. 일은 마음에 들어 하니?

B 글쎄, 한동안 대화를 안 해봤어.

A 아…, 내가 한 번 연락해 볼게. 너는 덴버에 가본 적이 있니?

B 아니. 너는 가본 적 있어?

A 아니, 나도 못 가봤는데 2~3년 전쯤에 펜실베이니아에 있는 허쉬에 가본 적이 있어.

B 우와! 세상에서 가장 달콤한 곳인 초콜릿 도시 말이구나, 어땠어?

A 비가 억수처럼 쏟아졌어. 하지만 허쉬 스토리 박물관은 최고였어!

B 나도 언젠가 한 번 가보고 싶어.

주요 어휘 및 표현

- nothing special: 특별한 일 없어(순서유념: special nothing이 아님)
- just as usual: 늘 그렇지 뭐
- work as a hotelier: 호텔리어(호텔을 경영하거나 또는 근무하는 사람)로 일하다
- great change(=huge transition): 엄청난 변화
- for a while: 한동안
- contact her: 그녀에게 연락하다
- rain cats and dogs: 비가 억수처럼 쏟아지다
- thumbs up!: 최고, 강추
- some day: 미래의 언젠가

재미있는 문화 이야기

'스몰 톡'(small talk)이란, 특별한 정보를 전달하기 위한 것이 아니라 사회적 관계나 분위기를 부드럽게 하기 위한 소소한 대화이다. 예를 들면, 엘리베이터 같은 좁은 공간에서 낯선 사람과의 어색함을 깨기 위한 아이스 브레이킹(ice breaking)이 스몰 톡이다. 미국은 스몰 톡에 익숙하다. 모르는 사람이라 하더라도 "Hi!"라는 인사를 잊는 법이 없다. 캠퍼스에서도 마주보고 오던 한 학생이 먼저 인사를 해서 주변을 두리번거렸던 적도 있었다. 내게 인사하는 거라고는 생각하지 않았기 때문이다. 눈이 마주치면 그들은 언제나 미소를 띤 채 "Hi!"라고 한다. 때로는 "날씨가 춥죠?", "당신 가방이 예쁘네요.", "아기가 귀여워요." 등 다양한 소재로 스몰 톡을 이어간다. 미국은 총을 소지하는 것이 허용되기 때문에, 상대방과 부드러운 분위기를 만들기 위해 모르는 사람에게도 미소를 짓는 것이 아닐까 싶은 생각도 들었다. 위 대화에서 덴버에 가본 적이 있느냐는 질문이 스몰 톡을 제대로 활용한 사례라고 볼 수 있다.

미국 중서부에 위치한 콜로라도주의 도시인 덴버는 록키산맥을 품고 있어 전 세계인이 꿈꾸는 여행지이기도 하다. 미국에서 아버지처럼 따랐던 하욱 박사(Dr. Houck)는 교수직에서 퇴직한 후 덴버의 작은 별장에서 여름을 보내고 시원한 가을 무렵 인디애나로 돌아오곤 하셨다. 엘크(elk: 북유럽이나 아시아에 사는 큰 사슴으로 미국에서는 무스(moose)라고도 한다.)나 사슴 사냥을 즐기셨고, 고기를 해체하여 냉동실에 보관하여 드셨다. 신기하게 생긴 총도 엄청 많이 가지고 있었다. 그들의 삶은 도저히 이해가 안될 만큼 느려서 성격이 급한 나와 같은 사람은 수명이 짧아지는 듯했다. 하지만 바쁜 한국의 삶에서 그때의 기억은 잠시나마 나를 쉬게 한다.

호텔리어란, 호텔을 경영하거나 호텔에서 근무하는 사람을 일컫는다. 호텔경영 분야의 학생들은 좀 더 전문적인 학위 취득을 위해 네바다주의 라스베이거스로의 유학을 꿈꾼다. 실제로 라스베이거스는 관광지로 가볼만한 곳이다. 관광과 환락, 도박 등으로 유명한 도시인지라 호텔 숙박이나 음식의 가성비는 매우 좋다. 그리고 치안이 잘되어 있어서 밤새 돌아다녀도 안전한 편이다.

펜실베이니아주의 여러 작은 도시들은 시골 정취를 그대로 담고 있어 편안한 분위기이다. 그 중 허쉬(Hershey)는 초콜릿으로 유명한 도시이다. 도시 입구에 'The Sweetest Place on Earth!'라는 팻말이 눈에 띈다. 실제로 앙증맞은 키세스 초콜릿 모양의 가로등과 초콜릿 색상의 건물들이 초콜릿 도시의 면모를 제대로 보여준다. 이 지역의 이름은 실제 허쉬라는 사람의 이름을 따서 지어졌다. 그는 기독교 가정에서 태어나 여러 번의 사업실패 후 마침내 초콜릿 사업가로 자리매김하게 되었다. 그는 초콜릿의 대중화의 일등공신이 되었고, 기부에도 적극 동참하며 어려운 환경에 있는 아이들에게 교육의 혜택을 제공하는 데에 기여하였다. 그로 인해 많은 이들이 달콤한 기운을 얻게 된 듯하다.

'rain cats and dogs'의 표현이 재미있다. 우선 개와 고양이가 아니니 순서에 유념하기 바란다. 알파벳 중 c가 d보다 먼저 나온다고 연상하면 쉬울 것이다. 견원지간(犬猿之間)이라는 한자성어가 있는데, 이는 개와 원숭이 관계처럼 아주 좋지 않은 사이를 의미한다. 영어에서도 고양이와 개를 원수지간으로 생각하여 둘이 만나 격렬하게 싸우는 형국을 비유해서 '억수같이 비가 온다'는 뜻을 전한다. 즉 'rain heavily'와 같다.

07

Compliments
칭 찬

Dialogue 1

A I like your gloves.

B Oh, really? Thanks.

A Where did you get them?

B I got them at Castleton Square.

A That color looks good on you.

B Thank you. You're so sweet.

A 네 장갑 마음에 들어.

B 진짜요? 고마워요.

A 어디서 샀니?

B 캐슬톤 몰에서 샀어요.

A 색상이 너랑 잘 어울려.

B 고마워요. 진짜 다정하게 말씀하시네요.

Dialogue 2

A I like your gloves.

B Oh, really? Do you want my gloves?

A Well, I'm just saying I like it.

B OK! Thank you.

A 너의 장갑이 마음에 들어.

B 진짜요? 제 장갑을 원하시나요?

A 음, 단지 마음에 든다는 거야.

B 네, 감사해요.

주요 어휘 및 표현

- That color looks good on you: 저 색이 너에게 잘 어울려
- I'm just saying~: 단지 ~라고 말하는 거야

재미있는 문화 이야기

미국인 친구 플로런스(Florence)는 칭찬하는 것에 익숙했다. 반면에, 나는 칭찬에 어색한 환경에서 자라온 까닭에 누군가가 예쁘다는 칭찬을 하면 왠지 민망해했다. 첫 번째 대화가 바람직한 대화이지만, 미국생활 초기에 내가 이끌어갔던 대화 방식은 두 번째 대화로 어색한 기운이 흐른다. 사실 칭찬에는 그저 "Thank you."라고 하면 된다.

Castleton Mall은 미국 인디아나주의 주요 도시인 인디아나 폴리스에 위치한 가장 큰 대형 몰이다. 4개의 메이저급 백화점과 다양한 매장과 편의시설을 갖추고 있다.

'Well'은 '음, 글쎄' 등의 의미로 대표적인 포즈 필러(pause filler)이다. 즉, 공백을 메워준다는 뜻이다. 그 외에도 'actually, I mean, You know, I think' 역시 대표적인 포즈 필러이다. 말을 시작할 때 어색함을 없애기 위해 아무 의미 없이 쓰며, 상대방의 질문에 정확하게 대답하기 어려울 때나 뭐라고 답변해야 좋을지 모를 때에도 사용한다. "Well, can we start?" 또는 "Well, let's do it later." 이런 식의 의미도 좋다. 'Well'은 '잘'이라는 뜻을 가진 부사도 있고, 'I'm well' 할 때는 '건강한'이라는 형용사로 쓰이고, 명사로는 '우물'이라는 뜻이 있다.

"I'm just saying." 구문도 영어회화에서 편안하게 자주 활용된다. "그냥 그렇다고. 말이 그렇다는 거야." 이런 식으로 툭 던지듯이 쓴다. "I'm just saying how I feel." "그냥 내 기분이 어떤지 말했을 뿐이야." 이런 식의 부담 없는 문장을 이끌 수 있다.

"thank you."에 대한 반응을 보자. 한국에서는 주로 "You're welcome.", "Not at all.", "Don't mention it." 등의 대답을 교과서에서 배운다. "Don't mention it."은 우리말로는 "별말씀을요. 고맙다는 말은 안 해도 돼요."와 비슷한 뉘앙스이다. 개인적으로 미국에 있는 동안 들어보지 못했고 실제로 미국 친구들도 이 표현은 쓰지 않는다고 했다. 막상 미국에 살아보니 "thank you"에 대한 가장 흔한 반응은 "You're welcome."이었다. "uh-huh"라는 재미있는 반응도 쉽게 접할 수 있었다. 끝을 올리면 긍정이고, 내리면 부정의 의미이다. 또 다른 반응으로는 "thank you."도 사용한다. 고마워하는 상대에게 같이 고마움을 표하는 기분 좋은 응답이다. 개인적으로는 "My pleasure."로 응하는 걸 좋아했다. 이는 '내가 좋아서 뭔가를 해준다'는 의미이다.

08 I Keep My Fingers Crossed
행운을 빌어요

Dialogue

A Are you busy now?

B Hectic, hectic and hectic!

A Hey! Stop and smell the roses!

B Cramming for an English make-up test.

A Oh, that's why you look so nervous.

B Actually, yes! It's so important to me. You know, I have to graduate next semester and this is my last chance to improve my grade. My professor is not easy-going. I have to increase my GPA too.

A A-ha! Don't worry! Everything will be OK.

B I really hope so.

A Come on! Keep calm and carry on! Let me know if there is anything I can do for you.

B Thank you!

A I'll keep my fingers crossed, honey!

B You're so sweet.

A 지금 바쁘니?

B 응, 계속 바빠.

A 어이, 친구! 바쁜 때일수록 좀 쉬면서 가자니깐.

B 영어 보강시험 벼락치기 중이야.

A 아! 그래서 네가 초조한 것처럼 보이는구나.

B 사실 그래! 내게 매우 중요하거든. 너도 알다시피 나는 다음 학기에 졸업해야 되고, 이번이 학점을 올릴 마지막 기회야. 교수님도 쉬운 성품이 아니시고, 평점도 올려야 하고.

A 아! 걱정하지 마! 다 잘 될 거야.

B 나도 정말 그랬으면 좋겠어.

A 잘할 수 있어. 차분하게 하던 일 계속하면 되지! 내가 도와줄 일 있으면 알려주고.

B 그렇게 말해줘서 고마워!

A 행운을 빌게, 내 사랑하는 친구야!

B 너는 진짜 다정한 친구야.

주요 어휘 및 표현

- hectic: 바쁜, 부산한(busy만큼 많이 씀)
- Stop and smell the roses! 멈추고 장미의 향기를 맡다, 삶의 여유를 즐기다
- cram: 벼락치기하다(crammer 벼락치기하는 사람)
- English make-up test: 보강 영어시험
- look nervous: 초조해 보이다
- graduate next semester: 다음 학기에 졸업하다
- easy-going: 느긋한, 여유 있는
- GPA: Grade Point Average(평점)
- come on!: 왜 그래! 제발 좀! 힘내!
- keep calm and carry on!: 차분하게 계속하다
- keep my fingers crossed: 행운을 빌다

재미있는 문화 이야기

'keep my fingers crossed'의 유래는 오래 전 로마시대로 거슬러 올라간다. 당시 사람들은 십자가가 영혼의 의미를 가지고 있다고 믿었다. 그런 이유로 두 사람이 서로 집게손가락을 교차하여 십자가 모양을 만들어 소원을 빌었다고 한다. 교차하는 곳에 좋은 영혼이 있다고 믿었기 때문이다. 이렇게 두 사람이 하다가 점차적으로 한 사람이 혼자서 하는 제스처로 바뀌었다. 집게손가락은 영어로 'index finger'인데, 보통 여러 손가락 중에서도 활용도가 가장 높은 편이다. 책장을 넘길 때도 주로 많이 사용되는 손가락으로 'indexing'을 기억하면 쉽다. 'indexing'이란 '색인 또는 색인을 달다'로 책 속의 낱말이나 구, 절 등을 찾기 쉽도록 나열한 목록이다. 'keep my fingers crossed'는 'cross my fingers'와도 같은 뜻이다. 즉, 두 번째와 세 번째 손가락 두개를 꼬아 보이는 제스처로 굿 럭(good luck)의 상징이다.

'cram'은 '억지로 들어가다'는 뜻이며, 공부에 있어서는 무리하게 몰아서 공부하는 '벼락치기'의 뜻이 있다. 'crammer'는 '벼락치기 하는 사람'이다. 'procrastinator'는 '지연시키고 미루는 사람'이다.

위의 대화에서 'make up'은 '보충'으로 쓰였으며 이외에도 다양한 의미가 있다. "It's a really hassle to wear make up, isn't it?" "화장하는 건 아주 귀찮아, 그렇지 않니?" 여기서는 '화장하다'이다. 'hassle'은 주로 따지기도 성가실 만큼 귀찮은 일을 뜻한다. 'make up'은 '화해하다'라는 의미로도 사용된다. 'They made up after their fight.'는 '싸운 뒤 화해했다'는 의미이다. '이야기를 지어내다'라는 의미로도 쓰인다. 'He made up the story'는 '그는 이야기를 지어냈다'는 의미이다. 또한 '마음을 풀어주다'라는 뜻도 있다. 'How can I make it up to you?'는 '어떻게 내가 네 마음을 풀어줄까?'이다.

'easy-going'은 '쉽게 가는, 느긋한, 여유 있는'의 의미이다. 'easy' 자체는 사람을 주어로 잘 쓰지 않는다. 예로 '나는 영어가 쉬워'라는 문장을 영어로 그대로 옮기면 주어가 두 개이므로 비문이다. 즉, 영어로는 '나에게 있어서 영어가 쉽다'가 옳다. 'English is easy to me'이다. 구태여 사람과 쓸 때는 '성품이 편안하고 느긋한'의 의미로 쓰인다. 'difficult'도 어렵다는 뜻이지만, 사람과 붙여 쓸 때는 '성격이 대하기 어려운, 까다로운'의 의미로 쓰인다.

'Keep calm, Carry on'은 '갑작스러운 상황에도 호들갑 떨지 않고 하던 일을 계속하자'는 취지로 영국인들이 즐겨 쓴다. 영국에서는 전통적으로 희로애락을 감추고 평정심을 유지하는 것을 최고의 미덕으로 여긴다. 고위 정치인이 공개석상에서 화를 내면 거의 정치생명이 끝난다고 봐도 무방하다. 젠틀맨이 그냥 나온 표현이 아니다.

09 Are You OK?
괜찮으세요?

Dialogue

A Shoot! You hit my car.

B Oh my goodness! Are you OK?

A Yes, we'd better call the police.

B I already did it. They'll be here in a minute.

A You seem to have hit my car, trying to avoid a child who jumped in front of your car.

B That's true. I couldn't help it.

A Do you have any insurance?

B Yes. I have to call the insurance company and a wrecker service.

A 이런! 내 차를 들이받았어요.

B 맙소사, 괜찮으세요?

A 네, 경찰을 불러야겠어요.

B 제가 이미 불렀어요. 경찰이 곧 올 거예요.

A 차 앞에 뛰어 들어온 아이를 피하려다가 제 차를 들이받은 것 같네요.

B 맞아요. 어쩔 수 없더라고요.

A 보험은 있나요?

B 네. 보험회사에 전화하고 견인서비스를 불러야 할 것 같아요.

주요 어휘 및 표현

- shoot: 감탄사로 이런, 제기랄, 어이쿠, 어머나
- hit: 들이받다, 충돌하다(=run into, come across)
- oh my goodness!: 맙소사!
- had better~: ~하는 게 낫다
- in a minute: 짧은 시간 안에, 곧
- I couldn't help it: 어쩔 수 없었다
- insurance company: 보험회사
- wrecker service = a tow truck service: 견인차서비스

재미있는 문화 이야기

미국에서 있었던 일이다. 학교 도서관 근처에서 후진을 하는데 갑자기 '쿵' 소리와 함께 상대방 차가 내 차를 들이받았다. 그때 상대 운전자가 내려 나에게 했던 첫마디는 "Are you OK?"였다. 2~3분 안에 경찰차가 와서 쌍방의 스토리를 확인한 후 사건은 해결됐고, 곧 보험회사가 왔다. 순식간에 경찰이 와서 별다른 문제없이 마무리되는 것이 신기했다.

상대방 운전자가 내 차를 박았는데 왜 미안하다(I'm sorry)는 말을 하지 않는지 이해가 되지 않았다. "I'm sorry."는 자신의 잘못을 명백하게 인정할 때 기꺼이 책임을 지겠다는 의미가 내포되어 있다고 한다. 그러기에 어떤 보험회사에서는 "I'm sorry."를 먼저 하지 말라는 충고를 한다. 배상의 책임을 고스란히 떠맡아야 할 수도 있기 때문이다.

DMV(Department of Motor Vehicles)는 차량등록소이며 차량의 등록과 운전면허 교부를 담당하는 행정부서이다. 자동차등록 시 보험 가입여부를 담당하기도 한다. 중고차 구입 시 매매업자가 보험을 연결해 주기도 한다. 자동차 보험은 천차만별이고 딜러가 연결할 경우에는 비쌀 수도 있으므로 직접 여러 보험을 알아보는 것이 좋다. 인디애나에는 'Able Car Insurance Company'라는 자동차 보험회사의 견적이 가장 저렴했다. 6개월마다 재계약을 해야 하는데, 여러 곳을 알아보다가 결국에는 같은 곳으로 결정하였다. 구관이 명관인 듯싶다.

'wrecker service'는 견인서비스이며 견인차를 'wrecker' 또는 'tow truck'이라고 한다. 주차위반(parking violation)을 할 경우 미국에서는 가차 없이 견인되며, 그 이후에는 견인된 차를 찾기 위한 험난한 여정이 기다린다. 속도제한(speed limit)을 어겼을 때의 벌금은 상상 이상으로 가혹하다. 기본이 50~60만 원이며 백만 원이 넘는 경우도 있다. 게다가 미국 경찰들은 가로등 없는 한적한 곳에 숨어 있다가 갑자기 나타나 운전자를 당황하게 한다. 이런 경우를 대비하여 초보 운전자들은 반드시 적정속도를 유지해야 한다. 초보 운전자는 'beginner driver' 또는 'student driver'라고 한다. 실습단계라는 의미로 보면 된다. 마찬가지로 초보 미용사 또는 실습 미용사를 'beginner hair dresser' 또는 'student hair dresser'라고 한다.

속도제한 티켓(speed limit ticket)을 받을 상황이 되면 한국처럼 "제발 한 번만 봐주세요."라고 아주 불쌍한 표정으로 간곡하게 부탁해 볼 수도 있다. 이럴 때는 "Give me a break!"라고 하면 된다. 한 번 봐달라는 'look at me once!' 이런 식의 영어는 당연히 쓰지 않는다.

10 A Text Message
휴대폰 문자

Dialogue

A Did you get the text message I had sent you this morning?

B I'm sorry, I didn't. I was in class this morning.

A I wanted to get your help.

B Do you still need my help?

A Not now, but please check your text messages from time to time.

B I usually do, but I turn my phone off in class.

A A-ha! You don't actually have to turn it off. You can keep it on silent mode.

B Oh, OK. I'll try to reply to you ASAP.

A 오늘 아침에 내가 보낸 문자메시지 받았니?

B 미안해. 못 봤어. 오늘 아침에 수업이 있었거든.

A 사실 너의 도움이 필요했어.

B 지금도 여전히 내가 도와줄 일이 있니?

A 지금은 아니야. 그런데 한 번씩 메시지를 확인해 주면 좋겠어.

B 보통은 메시지를 확인하는데, 교실에서는 폰을 꺼놓는 편이야.

A 아~ 실제로 끌 필요는 없는데. 무음으로 해놓으면 될 텐데.

B 아~ 그렇구나. 가능하면 빨리 답하도록 할게.

주요 어휘 및 표현

- turn my phone off: 전화를 끄다(=turn it off(o) / turn off the phone(o) / turn off it(x))
- from time to time: 가끔씩(=occasionally, sometimes, now and then)
- silent mode: 무음모드 / 소리모드: sound mode / 진동모드: vibration mode
- ASAP(=as soon as possible): 가능한 한 빨리

재미있는 문화 이야기

인터넷에서는 약어(acronyms)를 많이 쓰는 경향이 있다. 스마트폰을 활용한 빠른 정보 교류를 위해 문자나 톡에서는 흔히 약어를 쓴다. ASAP는 'as soon as possible'(가능한 한 빨리)이며 'as quickly as possible'과 같다. 단어처럼 정착해 '아삽'이라고도 한다. 주요 약어를 살펴보면 다음과 같다.

- LOL: Laughing Out Loud or Loud Laughing(큰소리로 웃기)
- TMI: Too Much Information(너무 많은 정보)
- FYI: For Your Information(당신이 모를까봐 하는 말인데)
- YOLO: You Only Live Once(단 한 번뿐인 인생)
- TY/THX: Thank You / Thanks(감사)
- OMG: Oh My God(오 마이 갓)
- TTYL: Talk To You Later(나중에 얘기하자)
- CU@2: See You at 2(2시에 봐)
- ASL: Age / Sex / Location-(나이) / (성별) / (사는 곳)
- TGIF: Thank God it's Friday(하나님 감사합니다. 금요일이에요!)
- DIY: Do It Yourself(손수 만들다)
- FAQ: Frequently asked Questions(자주 묻는 질문)
- RSVP: Répondez s'il vous plaît: French = Please reply(회답주시기 바랍니다.)
- BTS: Bullet Proof Boys(방탄소년단. 요즘 핫한 글로벌 그룹인 BTS는 한글과 영어 모두 의미 있는 약어로 볼수록 멋지다.)

언젠가 수업 후 퀴즈시간에 Age / Sex / Location의 약어인 'ASL'을 물은 적이 있다. 한 학생이 이 질문만은 피해달라며 몹시 쑥스러워해 모두를 웃게 한 적이 있다. 'sex'는 성이며 다양한 쓰임이 있다. 우선 'sex discrimination'은 성차별을 의미한다. 서류작성을 할 때 'sex'란에는 남녀를 구분(male / female)할 때 쓰는 성별을 의미하며, 'sexism'은 성차별주의 등에 쓰이고, 'unisex'는 남녀공용이라는 의미이다. 'unisex hair salon'은 남녀공용 미용실이다. 'ASL'은 주로 채팅용어로 상대방에게 나이, 성별, 있는 곳 알려달라는 의미로 "ASL, please."로도 쓰인다.

'reply'는 동사로는 '대답하다', 명사로는 '대답'으로 쓰인다. 동사 'make'를 동반해서 'make a reply'로 쓰면 동사 'reply'와 같다. 다양한 예들을 보자. make an answer = answer(대답하다) / make a pause = pause(멈추다) / make progress = progress(발전하다) / make haste = haste(서두르다) / make a reservation = reserve(예약하다) / make an appointment = appoint(약속하다) / make a mistake = mistake(실수하다) 등이 있다.

SECTION C

School Life

학교생활

11 The Best Place at this University
이 대학에서 가장 볼만한 곳

Dialogue

A What is the best place at this University?

B Each building has its own unique features, but most of all, I think Duck Pond is the best of the best.

A Is it? Why do you recommend that place?

B It's well known for its beautiful scenery over the seasons. In particular, we can see many ladies enjoying, sunbathing with only bikini or topless.

A Wow, Gorgeous! Americans seem to be sexually more open, don't they?

B Well, not always. In indiana, many of my friends think they should keep their body pure before they marry.

A No kidding!

B Believe it or not! but it's true.

A 이 대학에서 제일 멋진 곳은 어디니?

B 모든 건물이 저마다의 특징이 있는데, 무엇보다 덕판이라는 연못이 최고 중에 최고야.

A 그래? 왜 너는 그곳을 추천하니?

B 사계절 내내 아름다운 경치로 잘 알려져 있어. 특히, 비키니나 상위를 걸치지 않은 채 일광욕을 즐기는 여성들을 많이 볼 수 있지.

A 우와 멋진데! 미국인들은 성적으로 더 개방된 것 같아. 그렇지 않니?

B 글쎄, 꼭 그런 건 아니야. 인디애나의 많은 내 친구들은 결혼 전에 그들의 몸을 순수하게 유지해야 한다고 믿는 편이야.

A 정말이야?

B 믿거나 말거나. 하지만 사실이야.

주요 어휘 및 표현

- its own unique features: 자신 고유의 독특한 특징
- most of all: 무엇보다도(first of all = best of all)
- be well known for: ~으로 유명하다
- in particular: 특히
- enjoying sunbathing with a topless suit: 상위를 걸치지 않고 일광욕을 즐기는
- keep their body pure: 그들의 몸을 순수하게 유지하다
- not always: 항상 그런 건 아닌(부분 부정)
- No kidding: 진심이야, 정말이야
- believe it or not: 믿거나 말거나

재미있는 문화 이야기

내가 다녔던 학교의 캠퍼스가 떠오른다. 정문입구 쪽을 따라 올라가면 오른편에 캠퍼스가 있었고, 왼편에는 덕판이라(Duck Pond)이라 불리는 아담한 연못이 있었다. 햇살 좋은 오후에는 연못가에 선탠(sun tan)을 즐기는 사람들이 많았다. 자유로워 보이는 그들 모습을 보며 운전을 하다가 사고가 날 뻔한 해프닝도 있었다. 그들의 애정 표현은 어디서든지 쉽게 볼 수가 있었다. 개인적 의견으로는 그들의 성 의식은 우리보다 개방적이고 관대한 듯했다. 기숙사에도 콘돔이 비치되어 있고 누구든 편하게 사용할 수 있었다. 성소수자의 행동반경도 비교적 자유롭고 주변을 별로 의식하지 않았다. 그러나 내 미국인 친구들 중 독실한 기독교인들은 아이들에게도 혼전순결 교육을 강조하기도 했다. 어느 나라를 가도 개방적 사고와 보수적 사고는 공존한다.

미국인들은 어릴 때부터 대부분 독립적인 삶을 익숙하게 받아들인다. 기숙사 생활을 해야 하는 중·고등학교가 많은 것도 이유가 될 수 있다. 당시 10대였던 딸의 반에서도 시간제 일을 하는 친구들이 꽤 있었다. 그 나이에 할 수 있었던 일은 주로 아기 돌보기(baby sitting)였다. 전문 유모(nanny)보다는 수당이 적었지만, 시간당 5~7달러 정도로 용돈으로는 충분했다.

대학생이 되면서부터는 본격적으로 시간제 일(part-time job)을 하며 독립된 생활을 하게 된다. 결혼을 하면 부모와 떨어져 각자의 삶을 시작한다. 그러다가 가족 일원이 다른 주(State)로 가게 되면 가족관계가 멀어지지 않을까 생각하지만, 의외로 그렇지가 않다. 내가 만난 이들은 이벤트마다 장거리를 이동하며 가족 화합시간(family bonding time)과 가족 재회(family reunion)를 누구보다 소중히 여겼다.

12 A Bilingual and A Multilingual

이중언어 사용자와 다중언어 사용자

Dialogue

A Hi! How are you, guys? What I'm going to do today is to talk about the differences between monolingualism, bilingualism and multilingualism.

B That's interesting.

A Mono means one or alone and bi means two or double, whereas multi means more than two.

B What about lingual?

A Good question. That's a tongue or a language.

B A-ha! Mother tongue! It's a native language. A multilingual person must have the innate ability to acquire a language.

A Ha ha! Yes, kind of smart in language skills. I have a Korean friend whose father was an ambassador and now teaching Spanish Language at a University in the U.S. She was born and raised in Korea. She graduated from middle school and high school in Spain and obtained her BA, MA and Ph.D degrees in the United States. She is what we call a multilingual.

B Got you! Easy to figure it out.

A 여러분, 안녕하세요? 오늘은 mono-, bi- 그리고 multi-에 대해 설명할게요.

B 재미있을 것 같아요.

A 모노는 하나, 바이는 둘, 반면 멀티는 둘 이상을 의미해요.

B 링구얼은 뭔가요, 선생님?

A 좋은 질문이에요. 그건 혀 또는 언어를 뜻해요.

B 아~ 'mother tongue'이 모국어를 의미하잖아요. 다중언어 구사자는 언어를 습득할 타고난 능력을 가졌음에 틀림없을 것 같아요.

A 하하! 그렇죠. 언어 분야에서 똑똑한 편인 거죠. 아버지가 대사였던 한국인 친구가 있는데, 그녀는 현재 미국의 대학에서 스페인어를 가르치고 있어요. 그녀는 한국에서 태어나 자랐고, 중·고등학교 졸업장은 스페인에서, 학사, 석사, 박사는 미국에서 받았어요. 그녀가 소위 말하는 다중언어 사용자예요.

B 그렇군요! 이해할 것 같아요.

주요 어휘 및 표현

- tongue: 혀, 언어 / mother tongue 모국어(=native language)
- lingual: 혀의, 언어의
- monolingualism/ bilingualism/ multilingualism: 단일언어(사용)/ 이중언어/ 다중언어
- whereas: 반면에
- innate ability: 타고난 능력
- acquire a language: 언어를 습득하다
- kind of smart: 똑똑한 편
- ambassador: 대사
- obtain(achieve) BA, MA and Ph.D. degrees: 학사, 석사 그리고 박사학위를 취득하다
- what we call: 소위, 이른바(=so called)
- figure out: 이해하다(=understand)

재미있는 문화 이야기

영어를 학습하는 환경에는 ESL 환경과 EFL 환경이 있다. ESL 환경은 'English as a Second Language', 즉, 제 2언어로서의 영어습득 환경을 의미한다. 가령, 한국 학생이 영어권 국가에서 영어를 학습한다면 ESL 환경에 있다고 할 수 있다. ESL 환경의 대표적인 국가로는 미국, 영국, 캐나다, 호주, 뉴질랜드가 있다. 이러한 환경에서는 영어 사용을 생활화 할 수 있기 때문에 영어실력의 향상속도가 빠르다. 이런 정통적인 영어권 국가 외에도 학자들은 홍콩, 필리핀 등의 국가들도 ESL 환경에 포함시키기도 한다. 왜냐하면 이 국가들 역시 영어에 24시간 노출된 환경이기 때문이다. 필리핀은 Tagalog어라는 모국어가 있지만, 영어가 공용어로 쓰인다. 또한 홍콩 역시 Cantonese(캔토니즈)라는 중국어가 사용되지만, 방송과 일상생활에서 영어가 많이 사용된다.

반면, EFL을 보자. EFL은 'English as a Foreign Language'로 외국어로서의 영어 습득 환경을 언급한다. 예로, 한국 학생이 한국에서 영어를 학습하는 환경이다. ESL 환경과는 달리 EFL 환경에서는 영어에 노출될 수 있는 기회가 제한적이다. 한국인들에게 모국어는 한국어이며 제 2언어는 없고 영어는 외국어이다. 따라서 학교나 학원에서만 영어를 접하는 게 보통이며 대부분의 경우 한국어를 사용한다. 이러한 환경에서는 영어향상 속도가 느릴 수밖에 없다.

이중언어 사용자에 대한 이야기를 해보자. 캐나다 퀘벡(Quebec) 지역에 살고 있는 캐나다 친구는 집에서는 불어를 쓰고, 학교에서는 공식언어(official language)인 영어를 사용하므로 이중언어(bilingual) 사용자이다. 미국에서 친하게 지냈던 스페인어과에 교수로 재직 중인 내 친구는 한국에서 초등학교를 졸업한 후 대사인 아버지로 인해 중·고등학교는 스페인에서, 대학 이후의 학위는 미국에서 취득한 다중언어 사용자이다.

'whereas'는 '반면에'라는 접속사로 두 가지 사실을 비교 대조할 때 쓴다. 예를 들면, Tom is book-smart, whereas Bill is street smart. 여기에서 'book smart'는 책을 통해 배운 지식이 많은 사람이고, 'street smart'는 실질적인 경험이 풍부한 사람을 의미한다.

13

Free Tutoring
무료과외

Dialogue

A I still have difficulty communicating in English.

B Fully understand. It has been only a couple of months since you came to the United States.

A Yeah! Hopefully, I will feel comfier with English.

B Why don't you get some help from free private tutors provided by IA(Indiana Academy)? Students of IA are very smart. They'll be more than happy to help you.

A Is it really free? Sounds like that's a nice tutoring system.

B Yes, they get credits by tutoring people who are in need. You can contact them any time during the semester.

A Thanks for the information. I'll contact them right away.

A 나는 영어로 소통하는데 여전히 어려움이 있어.

B 충분히 이해해. 미국에 온지 아직 두세 달밖에 안됐잖아.

A 그렇지. 바라건대, 영어가 좀 더 편해지면 좋겠어.

B 인디애나 아카데미에서 제공하는 무료 개인교사들의 도움을 좀 받는 게 어때? 그 학교 학생들 엄청 똑똑하고 너를 도와주는 것을 아주 기뻐할 거야.

A 진짜 무료야? 멋진 과외 제도인데.

B 응, 그들은 도움이 필요한 사람들을 가르치면서 학점을 인정받아. 학기동안 언제든 전화하면 될 거야.

A 정보 고마워. 당장 연락해 봐야겠어.

주요 어휘 및 표현

- have difficulty (in) communicating: 소통하는데 어려움이 있다
- fully understand: 충분히 이해되다
- since: ~이래로 / ~때문에
- comfier with English: 영어소통에 좀 더 편안한 / more comfortable 좀 더 편안한
- private tutors: 개인교사
- provided by Indiana Academy: IA에 의해 제공되는
- sound like~: ~처럼 들리다
- get credits by tutoring: 과외를 함으로써 학점을 받다(by ~ing: ~함으로써)
- people who are in need: 어려움에 처한 사람들
- contact them right away: 당장 그들과 연락하다

재미있는 문화 이야기

미국에서 영어에 좀 더 노출되고 싶다면 여러 방법을 알아볼 수 있다. 우선 대학 부설기관에 IEI (Intensive English Institute: 영어를 좀 더 집중적으로 하는 기관)라는 어학 과정이 있다. 이 프로그램은 '듣기, 말하기, 읽기, 쓰기' 네 영역을 다양한 상황에 노출시켜 학습을 유도하는 장점이 있으나, 비용이 대학 등록금 수준으로 만만치 않은 단점이 있다. 나의 경우 수업료에 부담을 느껴 무료과외 (free tutoring)를 여러 곳 알아보았고 그 기회를 최대한 활용할 수 있었다. 또 다른 방법으로 대학기관 내에 '학습센터(Learning Center)'가 있다. 그곳에서 석·박사 과정의 미국 학생들은 영어 구사력이 부족한 유학생들에게 배움을 제공한다. 즉, 미국 학생들은 학점(credit)을 받고, 그 학습자는 언어를 배울 수 있는 일석이조인 제도이다.

나는 이런 교육 과정에 관심이 많아 쉽게 찾을 수 있었고 덕분에 정규 수업 후에도 항상 바쁜 스케줄이 이어졌다. 개인 교습은 역량에 따라 교수법이 다양했지만, 주로 문화와 언어에 관한 것이 수업 소재였다. 나에게 개인 교습은 미국의 이해도를 높이는데 결정적 역할을 해주었다. 지역 주민센터 (community center)에서 진행되는 다양한 프로그램에도 참여가 가능했다. early bird라면 일주일 내내 알찬 프로그램으로 꽉 채울 수가 있다.

두 번째 미국에 갔을 때, 나의 딸은 이러한 접근법들을 제대로 활용했고 덕분에 영어 실력이 상당히 향상되었다. 당시 내가 거주하던 집 근처에 IA(Indiana Academy)라는 특목고가 있었다. 그곳은 인디애나 전역의 수재들이 입학해 전원 기숙사 생활을 하는 학교였다. IA 역시 방과 후 재학생들이 멘토가 되어 개인지도를 해주는 프로그램이 있었다. 기본적으로 미국문화와 영어를 수업해 주었으며 과목별로 도움을 받을 수도 있었다. 물론 멘토로 참여해 준 재학생들은 실습과목으로 학점을 받을 수 있었다. 멘토와 멘티로 만난 그들과의 관계는 가족 같은 편안함과 우정으로 이어졌다. 그들은 행사 때마다 우리를 초대하는 것을 잊지 않았다. 한국과 동떨어진 타지에서 소중한 인연들을 만날 수 있었음이 너무나 감사하다.

14 Join the Global World
글로벌 세계에 동참하라

Dialogue

A I don't know why we have to study English.

B Ha ha! Let me give you an example. When I was in the States, I wanted to have a stable job like a physical therapist, radiologist or nurse. However, since my major was English, there wasn't much I could do. I think your major is good enough for you to get a good job. So if I were in your shoes, I would practice English focusing more on speaking.

A We spend much studying English such as grammar and vocabulary.

C I think that's because we focus on getting good grades on our English tests.

B Practicing speaking is a kind of prerequisite to joining the global world. If you only know your local language, it can constrain your growth. The world is open to you! The world is getting more and more connected.

A You mean we should keep studying hard, right?

C Fluent communication is a key to success.

B Ha ha! That's it! You're s~~o smart.

A 우리가 왜 영어를 공부해야 하는지 모르겠어요.

B 하하! 예를 들어볼까요. 내가 미국에 있을 때 물리치료사나 방사선사 그리고 간호사 같은 안정된 직업을 가지면 좋겠다는 생각을 했어요. 하지만, 내 전공은 영어이니 이러한 직업 중 하나를 구하기 위해 내가 할 수 있는 일이 그렇게 많지가 않은 거예요. 여러분의 전공은 좋은 직업을 가지기에 충분히 좋아요. 내가 만약 여러분의 입장이라면 스피킹에 좀 더 초점을 둔 영어를 연습할 거예요.

A 우리는 문법과 단어 같은 부분에 많은 시간을 쓰잖아요.

C 우리는 영어시험에서 좋은 점수를 받는 것에 비중을 둬서 그런 것 같아요.

B 말하기를 연습하는 것은 이러한 글로벌 세상에 합류하기 위한 필수 전제조건 같은 거죠. 여러분이 지역 언어인 한글만 안다면 여러분 성장에 한계가 있을 거예요. 전 세계가 여러분에게 열려있어요. 세상은 점점 더 하나로 연결될 거란 거죠.

A 계속 열심히 공부하란 말씀이시네요, 그렇죠?

C 유창한 의사소통 연습이 성공의 비결이란 말씀이죠?

B 하하! 바로 그거예요. 여러분들은 역시 똑똑하군요.

주요 어휘 및 표현

- physical therapist: 물리치료사 / radiologist: 방사선사
- there wasn't much I could do: 내가 할 수 있는 일이 많지 않았다
- if I were in your shoes: 만약에 네 입장이라면(=if I were you)
- practice English focusing more on speaking: 스피킹에 좀 더 초점을 둔 영어를 연습하다
- kind of prerequisite: 일종의 필수 전제요건의
- local language: 지역 언어, 토착 언어
- constrain your growth: 너의 성장을 제한하다
- get more and more connected: 더욱더 연결되다
- fluent communication: 유창한 의사소통

재미있는 문화 이야기

문법 위주의 영어교육에 익숙한 한국인 학습자들은 북미권으로 유학을 가게 되었을 때 소통의 어려움을 호소하곤 한다. 교통사고로 피가 철철 나는 현장에서 "Are you OK?"라는 경찰의 질문에 "I'm fine, thank you."라고 응답했다는 웃픈 이야기가 있다. 또한 "How are you?"라는 인사에 다리가 부러진 상황임에도 "I'm fine, thank you, and you?"라고 대답하는 경우도 흔하다. 하지만, 이제는 상황에 맞는 유연한 의사표현을 할 수 있는 능력이 절실히 요구된다.

영어를 왜 해야 하는지 의아해 하는 학생들이 많다. 그런 질문을 받을 때면 다양한 시도를 위한 무기로 영어가 필요하다고 말을 해주곤 한다. 더 나은 기회를 만나게 되었을 때 언어의 장벽으로 포기하지 않길 바란다. 진로가 확실하고 안정적 취업이 가능한 친구들 역시 다양한 문화권의 사람들과 소통하며 대외적으로 본인의 능력을 발휘할 기회를 잡을 수 있다면, 그보다 더 멋진 일은 없을 것이다.

15 Commencement
졸업식

Dialogue

A&B Congratulations on your graduation! We're so happy, my sweetie!

C Thank you, mom and dad!

A Four years have gone too quickly.

B Definitely! It seems like only yesterday that you entered the college.

C You're right, mom. Time really flies.

B I'm so proud of you, my girl!

A Your life will be a smooth sailing. By the way, did you get some sleep last night? Seemed like you stayed up late at night.

C Yes, I did. I was just busy writing the resume and cover letter. I'm planning to go to graduate school. Oh! The president will give his commencement address on behalf of all faculty members.

A&B Congratulations, again!

A&B 졸업을 축하해! 사랑하는 내 딸 덕분에 행복하네!

C 감사합니다. 엄마, 아빠!

A 4년이 금방 지나가네.

B 맞아. 대학에 입학한 게 엊그제 같은데.

C 맞아요, 엄마. 시간은 진짜 빨리 가요.

B 우리 딸이 너무 자랑스러워!

A 너의 인생은 순항일거야. 그런데, 어제 잠은 좀 잤니? 밤을 새는 것 같던데.

C 네, 밤을 샜어요. 이력서와 자기소개서 쓰느라 바빴거든요. 대학원에 지원할 계획이에요. 곧 교직원 전체를 대표해서 총장님의 졸업연설이 있어요.

A&B 그래. 다시 한 번 졸업을 축하해!

주요 어휘 및 표현

- congratulations on~: ~를 축하하다.
- four years have gone too quickly: 4년이 너무 빨리 흐르다
- it seems like only yesterday that~: ~한 것이 엊그제 같은데
- smooth sailing: 순항
- by the way: 그런데
- stay up late: 늦게까지 자지 않다
- resume and cover letter: 이력서와 자기소개서
- graduate school: 대학원
- commencement address: 졸업연설
- on behalf of~: ~를 대표해서

재미있는 문화 이야기

미국의 졸업식은 한국과 크게 다르지 않다. 우선, 성적우수 졸업생들이 호명되어 상을 받는다. 이때 우등 졸업생의 가족도 함께 일어나 사람들의 축하를 받는다. 졸업생 가족들도 졸업생만큼이나 수고했고, 축하와 존경을 받을 자격이 있다는 의미다. 유명인사가 된 졸업생이 후배 졸업식에 초대받아 축하메시지를 전달하기도 한다. 내가 있던 볼 주립대에는 '케네디센터상'을 수상하기도 한 MC이자 코미디언인 David Letterman이 졸업식을 빛내주기도 했다. 그는 모교 사랑이 각별하여 'David Letterman Communication and Media Building'이라는 이름의 건물도 기증했다. 또한, 그는 telecommunication & media(통신 & 매체) 분야를 공부하고 싶은 후배들을 위한 배려와 사랑이 각별했다. '케네디센터상'이란, 매년 미국의 공연 및 문화, 예술에 크게 기여한 인물에게 수여되는 상이다. 졸업은 'graduation'이고, 학위수여식은 'commencement'이며 '시작'이란 뜻이다. 즉, 졸업은 마침과 동시에 또 다른 시작임을 뜻한다.

직업을 얻기 위해 필요한 서류들과 여러 표현들은 다음과 같다.

1. A resume(vitae(바이타): CV(Curriculum Vitae) details your education, work experience and other personal information.
2. A resume comes with a cover letter where you should introduce your working experiences and professional skills.
3. Bachelor's Degree is divided into two major kinds: (BA or BS)
4. Mater's Degree is divided into several kinds: (MA, MS or MBA)
5. Doctoral degree is divided into several kinds: (Ph.D, Ed.D or M.D)

1. 보통 'resume'은 이력서로 한국에서도 흔히 레쥬메로 불린다. CV는 Curriculum Vitae 혹은 vitae 라고 하며, resume와 마찬가지로 학력, 직업, 경험 그리고 다른 개인정보를 서술한다.
2. 레쥬메와 바이타는 지원자의 직업 경험과 전문적 기술을 편지 양식으로 소개하는 'cover letter' 즉, 자기소개서와 함께 제출된다.
3. 학사 학위는 두 가지로 나누어진다. 하나는 BA로 Bachelor of Arts(문학사 학위)이며, 다른 하나는 BS로 Bachelor of Science(이학사 학위)이다. 전문대 학사는 Associate's Degree이다.
4. 석사 학위는 다음과 같은 여러 학위로 나누어진다. MA는 Master of Arts(문학석사 학위), MS는 Master of Science(이학석사 학위) 그리고 MBA가 있다. MBA는 'Master of Business Administration'으로 경영학 석사이다.
5. 박사 학위는 여러 학위로 구분된다. Ph.D(Doctor of Philosophy)는 철학 박사이며 Ed.D(Doctor of Education)는 교육학 박사 그리고 M.D(Doctor of Medicine)는 의학 박사이다.

박사 학위는 Ph.D(Doctor of Philosophy Degree)이며 철학을 전공했다는 의미가 아니라, 모든 학문은 철학을 기본 토대로 둔다는 것을 의미한다. 철학이란, 'phil(love)사랑 + soph(wisdom)지혜'의 합쳐진 말로 '지혜를 사랑하다'라는 어원을 가지고 있다. 영어학 중에 신택스(Syntax) 과목은 수학 공식 같은 내용으로 가득 차있어 입문 초기에는 매우 낯설었다. 이 과목은 문장 구조나 구문 요소를 분석하여 그 구성 규칙을 찾아내고 연구하는 학문으로 수학적 사고를 필요로 한다. 영어학 교재라 할지라도 영역이 한정된 것은 아니었다. 언어학의 대가인 Noam Chomsky는 MIT공대에서 언어학 교수이자 철학자이기도 하고, 여러 학문 영역에서도 독보적인 지식을 가진 이론가이기도 하다. 그는 문법을 수학적 접근방식으로 분석하며 이론들을 정립해 나갔다. 그의 이론서들은 철학에서 언어학, 수학, 하물며 사회비평서까지 어느 한 가지 영역에 머물러있지 않다는 데에 놀라움을 금할 수 없다.

대학 1학년은 'freshman', 즉 '신선한(fresh) + 사람'(man:남자, 사람)으로 말 그대로 풋풋한 신입생을 뜻한다. 2학년은 대학 입학 후 1년 정도를 보내면 지성미와 세련미(soph)를 좀 더(more) 갖추기 시작하므로 'sophomore'이다. 대학교 3학년은 'junior'이며 일상에서 자주 쓴다. 분석하면 'jun'은 '젊음'(youth)이란 뜻이다. 참고로, 'juvenile delinquency'는 '청소년범죄'이다. 대학교 4학년은 'senior'이며 명사이기도 하지만 '연상의, 나이가 많은' 뜻의 형용사로도 쓰인다. 어원은 sen(나이가 많은) + or(사람)이다. 2년제 대학에서 1학년은 'junior', 2학년은 'senior'이며 3년제 대학일 경우는 'freshman, junior, senior'가 각각 1학년, 2학년, 3학년이다.

그 외에 certificate of enrollment(재학증명서) / transcript(성적증명서) / diploma(학위증명서) 가 있다. 참고로 학기별 성적표는 'report card'이다.

▶인디애나 볼 주립대(Ball State University)의 상징 건축물

SECTION D

Foods and Cooking

음식과 요리

16 Sunny Side Up, Please
한쪽만 익혀 주세요

Dialogue

A Did you eat anything for breakfast?

B Just two eggs.

A How did you eat them?

B I had one sunny side up and one over-easy.

A Just continental breakfast. That's not enough.

B What did you have?

A I usually enjoy an American breakfast. You should eat some bread and fruit, too.

B Actually, I skip breakfast because I don't want anything when I wake up.

A That's not good for your health. Eating habit becomes more important over time.

B Yep! Thank you for your advice.

A Ha ha! You bet!

A 아침식사로 뭐라도 먹었니?

B 달걀 두개만 먹었어.

A 어떻게 먹었는데?

B 한쪽만 익힌 써니 사이드 업 하나와, 겉만 익힌 오버 이지 하나로 먹었어.

A 그냥 유럽식 아침이네. 충분하지 않은 것 같은데.

B 너는 뭐 먹었어?

A 나는 보통 미국식으로 먹어. 빵과 과일도 먹어야지.

B 아침에 금방 일어나서는 먹고 싶은 생각이 없어서 아침은 건너뛰는 편이야.

A 그건 건강에 안 좋아. 나이가 들수록 식습관은 중요해.

B 알았어. 얘기해 줘서 고마워!

A 하하! 당연하지!

주요 어휘 및 표현

- sunny side up egg: 달걀을 뒤집지 않고 한쪽만 불에 익힌 프라이
- over easy: 양쪽을 겉만 익힌 달걀 프라이
- continental breakfast: 콘티넨탈 아침식사(=European(English) Breakfast(아래 설명))
- American Breakfast: 미국식 아침(달걀, 햄, 시리얼 등으로 구성된 아침식사)
- skip breakfast: 아침을 건너뛰다, 굶다
- because of: (구)~ 때문에(=because + 절(주어 동사))
- eating habit: 식습관
- over time: 시간이 흐르며, 나이가 들면서(=as time goes by)
- you bet!: 당연하지!

재미있는 문화 이야기

미국인들은 생각보다 아침을 거르지 않는다. 심지어 중·고등학교에서는 아침을 거른 학생들에게 식사를 제공하기 위한 카페테리아(cafeteria)도 운영한다. 베이컨, 토스트, 달걀 스크램블 그리고 소시지와 햄, 버섯, 토마토, 체다 치즈 등을 넣은 오믈렛 같은 메뉴를 커피와 곁들여 먹기도 한다. 내가 즐겨 갔던 'I HOP'이라는 레스토랑은 특화된 미국식 아침식사 메뉴가 있었다. 특히 팬케이크가 매력적이었다. 입맛대로 골라 먹을 수 있는 다양한 종류의 시럽과 든든한 양의 콤보 메뉴와 샐러드도 장점이었다. 블루베리, 딸기, 버터 등의 맛도 좋지만, 나는 전통적인 방식의 기본 시럽을 가장 좋아했다. '콤보'(combination)란, 결합이라는 의미로 '세트메뉴'를 뜻한다. 참고로 '세트메뉴'라는 표현은 콩글리시이므로 옳은 표현이 아니다.

'콘티넨탈식'(continental 유럽식) 아침식사란, 빵과 요거트, 과일 또는 커피 정도로 간단히 해결하는 메뉴이다. 가벼운 아침식사에 익숙한 유럽인의 시각에서는 미국인의 아침식사가 거하게(heavy) 보일 수 있다. 내 미국 친구들은 아침식사로 고기메뉴도 즐겼다. 흥미롭게도 고기를 나타낼 때는 살아있는 동물과 그 동물의 고기를 다르게 말한다. 예를 들어보자. 소는 cow나 bull이지만 쇠고기는 beef, 돼지는 pig이고, 돼지고기는 pork, 양은 sheep이고, 양고기는 lamb이다. 그리고 스테이크는 굽기 정도에 따라 다양한 표현법이 있다. 바짝 익힐 때는 well done, 중간보다 좀 더 익힐 때는 medium well done, 중간으로 익힐 때는 medium, 거의 익히지 않을 때는 medium rare, 그리고 핏물이 뚝뚝 떨어질 정도로 익히지 않을 때는 rare라고 한다. "How would you like your steak?"라는 질문을 받으면 원하는 방식을 숙지한 후 당당히 주문해 보자. 'Continental Breakfast'는 'English Breakfast'라고도 한다.

달걀을 이용한 다양한 요리법(recipe)을 알아보자. 먼저 '써니 사이드 업'(sunny side up)은 달걀을 뒤집지 않고 한쪽면만 불에 익힌 달걀프라이로, 노른자가 태양과 닮았다고 해서 이름 지어졌다. 모양새도 예쁘고 센스 있는 이름이다.

'오버 이지'(over easy)라는 것도 있다. 'over'는 '한 번 뒤집다'라는 의미이며, 'easy'는 '노른자가 쉽게 터지는 상태'를 뜻한다. '오버 미디엄'(over medium)은 '반숙인 노른자'이며, '오버 하드'(over hard)는 '노른자가 완숙'인 요리법이다.

'스크램블드 에그'(scrambled egg)는 달걀을 깨서 휘저은 후 버터나 우유를 넣고 프라이팬에 볶으면서 소금, 후추 등으로 양념을 하는 요리법이다. '포치드 에그'(poached egg)는 끓는물에 달걀을 깨뜨려 넣어 익힌 요리로 '수란'이라고 한다. 쉽게 말하면, 껍질 없이 반숙한 달걀 요리법이다. '하드-보일드 에그'(hard-boiled egg)는 우리가 흔히 알고 있는 완숙의 삶은 달걀이다. '소프트-보일드 에그'(soft-boiled egg)는 반숙으로 삶은 달걀이다.

17 Two Pounds of Ground Beef

간 쇠고기 2파운드

Dialogue

A Can I help you?

B I need a jar of minced garlic.

A It's in the fruit and vegetable section. Cauliflower, broccoli, head lettuce, celery and bell peppers are fresh, today.

B OK. What about fruits?

A Grapefruits, mangoes, cantaloupe, tangerines are available. Oh! Today's honeydew is so sweet.

B OK. I'll get it. Also need 2 pounds of ground beef and a gallon of milk.

A It's in the meat section on aisle 3 and milk is in the dairy section.

(At the cashier)

A Thank you! Do you want a paper bag or a plastic bag?

B A paper bag, please.

A 제가 도와드릴까요, 손님?

B 다진 마늘 한통이 필요해요.

A 그건 과일야채 코너에 있어요. 콜리플라워, 브로콜리, 양상추, 샐러리와 피망 등이 오늘 신선해요.

B 네, 과일은 어떤가요?

A 자몽, 망고, 캔털로프와 귤이 있어요. 참, 오늘 들어온 허니듀의 당도가 좋아요.

B 네. 살 거예요. 다진 쇠고기 2파운드와 우유 1갤런도 필요해요.

A 고기 코너는 3번 통로에 있고, 우유는 유제품 코너에 있어요.

(계산대에서)

A 감사합니다. 종이봉투에 드릴까요? 비닐봉투에 드릴까요?

B 종이봉투에 주세요.

주요 어휘 및 표현

- a jar of minced garlic: 다진 마늘 한통
- cauliflower: 콜리플라워 / broccoli 브로콜리
- head lettuce: 양상추(=iceberg lettuce라고도 하며, leaf lettuce는 잔주름상추)
- celery and bell peppers: 셀러리와 파프리카
- grapefruits and mangoes: 자몽과 망고
- cantaloupe: 캔털로프. 껍질은 까끌까끌한 녹색이고, 과육은 오렌지색인 멜론
- tangerine: 껍질이 잘 벗겨지는 작은 오렌지로 만다린 귤의 일반 명칭
- honeydew: 허니듀, 연녹색 껍질에 과육이 녹색인 멜론
- 2 pounds of ground beef: 다진 쇠고기 2파운드 / 1파운드: 0.45kg
- a gallon of milk: 우유 1갤런(3.79리터)
- dairy section: 유제품 코너
- at the cashier: 계산대에서
- paper bags: 종이봉투 / plastic bags: 비닐봉투(vinyl bag은 콩글리시)

재미있는 문화 이야기

미국에 있을 당시 슈퍼에서 'grapefruit'이 포도 맛 음료인 줄 알고 의심 없이 고른 적이 있었다. 알고 보니 'grapefruit'은 '자몽'이었고 쓴맛과 단맛이 적당히 어우러진 매력적인 음료였다. 'mango'는 한국에서 흔하지 않아서인지 엄청 맛있게 먹은 기억이 난다. 'cantaloupe'와 'honeydew'는 멜론 계열로 저렴하면서도 당도가 높다. 'honeydew'는 '꿀'(honey)과 '이슬'(dew)이 합친 단어로 이름처럼 달달한 맛을 자랑한다.

미국은 쇠고기의 천국으로 다양한 부위를 저렴한 가격으로 신선하게 즐길 수 있다. 안심은 'tenderloin'이며, 꽃등심은 'rib-eye', 그리고 등심은 'sirloin'이다. 'ground beef'는 다진 쇠고기로 흔히 국이나 스파게티 요리에 사용한다.

'a gallon of milk'는 우유 1갤런으로 미국은 우유를 갤런(3.79liter) 단위로 판매한다. 우유의 여러 종류를 보자. 뚜껑의 색에 따라 'red-purple-green-blue' 순으로 지방함유량이 낮아진다. 즉, 'red'는 지방함유량이 가장 높아 고소하며 비타민D 우유라고도 한다. 'purple'과 'green'은 지방함유량이 낮은 저지방 우유이며, 'blue'는 무지방 우유로 쌀뜨물 같은 밋밋한 맛이지만 식이조절에는 유익하다. 그리고 'brown'은 초코 우유이다. 바나나 우유같이 과일 맛이 나는 유색 우유는 미국에 없다.

'dairy'는 유제품으로 주로 치즈, 버터, 우유, 달걀, 크림, 요거트 등이다. 요거트의 종류도 다양하다. 무지방, 무설탕을 비롯해서 블루베리, 크랜베리, 레몬, 코코넛, 오레오, 망고, 수박, 호박과 시나몬 등 수많은 종류가 있다. 이러한 유제품들은 빵이나 팬케이크에 찍어먹거나 샐러드 소스로도 좋다.

미국인들은 남녀노소를 막론하고 아이스크림 사랑이 각별하며 소비량도 상상 이상이다. 아이스크림은 'eye-scream: 눈이 소리를 지른다'는 재미있는 표현까지도 있다. 맛도 무려 275가지나 있다고 한다. 아이스크림 전문점에서나 볼 수 있는 맛이 마트에 종류별로 있었다.

또한 수많은 종류의 치즈에도 놀랐다. 미국인 친구가 있는 인디애나주 외곽, 켄터키 가까운 곳에 있는 아미쉬(Amish)라는 작은 마을을 방문한 적이 있다. 이곳 사람들은 교회를 중심으로 가족 단위의 공동체를 이루며 전기, 전화, 자동차 등 기본적인 현대문명 대신 전통적인 양식의 삶을 유지하고 있었다. 주업은 농·축산업이며 그들의 치즈 만드는 과정은 자연 그대로의 유기농 방식이었다. 나는 치즈의 종류가 그토록 많은지 치즈가 그렇게 맛있는 유제품인지 그때 알았다.

치즈 외에도 아미쉬 마을은 인상 깊은 장소였다. 그들은 자급자족으로 살아가며 그곳의 주요 교통 수단은 말이 끄는 마차였다. 남성은 턱수염을 길게 기르고, 여성은 긴 머리를 땋고 앞치마를 두른 모습이 인상적이다. 아미쉬 마을 사람들 중 누군가 현대식 교육을 받고자 하면 추방되며, 다시는 돌아가지 못한다고 했다. 미국 주정부는 아미쉬 사람들에게 세금 면제의 혜택을 주지만 그들은 정부로부터 도움을 원치 않는다고 했다. 그래서 의료보험에도 가입하지 않는다고 한다. 종교적인 이유로 병역도 거부하며, 그곳에서는 사진촬영도 허용되지 않았다.

18 Gizzard and Drumstick.

닭똥집과 닭다리

Dialogue

A Can I help you, ma'am?

B Hum, it is a part of chicken, but I don't know what to say. Do you have a sand pocket in chicken?

A Sorry. I don't know what you're saying.

B OK, forget it! Where are the canned goods?

A It's on aisle 3.

B Also looking for ethnic foods.

A It's on aisle 2.

B Can I get some Korean food such as Rameon and Kimchi there?

A Yes, a variety of Asian foods are in stock now.

C Mom! I found what I was looking for. It's a gizzard! I want some drumstick, too.

A 도와드릴까요, 손님?

B 음, 닭의 한 부분인데 어떻게 말해야 할지 모르겠어요. 닭의 모래주머니라고 혹시 있나요?

A 죄송합니다만, 이해를 못하겠어요.

B 아! 네, 알았어요. 캔 음식은 어디 있나요?

A 3번 통로에 있어요.

B 그러면 외국 전통음식 코너는 어디 있어요?

A 그건 2번 통로에 있어요.

B 거기에서 라면이나 김치 같은 한국음식도 살 수 있나요?

A 네, 다양한 아시아의 음식이 비축되어 있어요.

C 엄마! 찾았어요. 닭똥집은 gizzard에요. 닭다리도 먹고 싶어요.

주요 어휘 및 표현

- I don't know what to say: 어떻게 말해야 할지 모르겠다.(how to say가 아님)
- canned goods: 캔 음식
- aisle 3: 3번 통로, 비행기 통로 측 좌석으로도 쓰임
- ethnic food: 제3세계의 고유한 전통음식(세계각국음식)
- such as: ~같은(=like)
- a variety of Asian food: 다양한 종류의 아시아 음식들
- in stock: 비축된, 재고가 있는 / out of stock: 품절의, 재고가 없는
- what I was looking for: 내가 찾고 있던 것
- gizzard and drumstick: 닭똥집(모래주머니)과 닭다리

재미있는 문화 이야기

이 대화에서 보듯이, 언어는 간절함과 절실함이 있을 때 가장 잘 습득되고 기억에 오래 남는다. 미국 생활 초기에 나는 불현듯 닭똥집이 먹고 싶었다. 점원에게 'sand pocket'(모래주머니)으로 소통을 시도했지만 점원이 이해하지 못했고, 마침내 딸의 도움으로 해결되었다. 닭똥집은 'gizzard'이다.

'닭다리'를 영어로 번역하면 'chicken leg'이다. 'leg'은 관절 위 넓적다리인 'thigh'와 관절 아래 종아리 'calf'를 모두 포함한다. 한국인이 좋아하는 닭다리는 종아리 부분으로 '드럼스틱'(drumstick)이라고 한다. 마치 북채처럼 생겼다고 해서 나온 표현이다.

정확한 단어를 알면 좋겠지만, 순간적으로 기억이 나지 않을 때도 많다. 그럴 때는 융통성을 발휘하는 것이 도움이 된다. 예를 들어, 약국(pharmacy)에서 변비(constipation)라는 표현이 생각이 나지 않을 때는 "I have a problem going to the restroom, so can I get some pills for that?" "화장실 가는데 어려움이 있는데, 약이 있을까요?" 이런 식의 대체 표현(paraphrasing)의 전략으로 얼마든지 소통이 가능하다.

미국은 캔 음식(canned food)이 많다. 이는 전쟁을 대비하여 음식물을 장기간 보관하기 위한 방법이었다. 미국은 주거지가 밀집되어 있지 않고 슈퍼마켓으로의 이동 거리가 멀어, 대부분의 사람들이 대량으로 식품을 비축하기 위해 캔 음식을 선호한다.

미국의 여러 마트 중 'ALDI'라는 곳이 있는데, 독일의 다국적 대형 슈퍼마켓 중 하나이다. 취급품목은 제한적이었지만 필요한 물건은 모두 있었다. 전체 상품의 90% 이상이 PB상품으로 구성되어 있으며, 불만족 시 100% 환불이 가능하여 신뢰도가 높았다. 여기서 PB상품이란, 'Private Brand'로 유통 전문업체가 상품을 기획하고 생산만 제조업체에 의뢰하는 방식이거나, 혹은 제조업체로부터 저렴한 상품을 받아 유통업체 자체상표로 판매되는 상품이다. 인지도 있는 대기업 상품보다 저렴하며 품질도 좋았다. 'PB'가 유통업체 브랜드라면, 반면 'NB'(National Brand)는 독자적인 제조업체 브랜드로 폭넓은 규모의 생산, 판매가 가능한 상품, 서비스를 뜻한다.

슈퍼마켓에는 푸드 스탬프(Food Stamp)를 애용하는 소비자도 많다. '푸드 스탬프'란, 미국의 저소득층(low-income group)이나 취약계층(vulnerable social group) 등에게 식료품 구입비를 지원하는 바우처(Voucher System: 미국사회를 위한 일종의 사회보장제도)이다.

19 Help Yourself!
많이 드세요!

Dialogue

A Welcome to my home!

B Thank you for having us. Sweet home!

A Thank you. Not quite sure if you like Korean food. Have you tried some before?

B No, but we're glad to have a chance to try some.

A OK. Let me briefly explain what I prepared for you. This is Bulgoggi which is very popular and it's also well-known to foreigners.

B Wow! What about this one?

A This is called Jap Chae(Korean Noodle Salad) with a variety of veggies and sliced meat. And this is Kim-chi. It's a traditional Korean fermented food but it is a little bit spicy.

B Oh! My mouth is watering. Thank you for the gorgeous meal!

A Help yourself!

B Achoo! Excuse me!

A Oh, Bless you! Eat some Kim-chi. It'll help prevent you from catching a cold.

A 저희 집에 오신 걸 환영합니다.

B 우리를 초대해줘서 고마워요. 아늑한 집이네요.

A 감사합니다. 한국음식 좋아하실지 모르겠어요. 전에 드신 적 있으세요?

B 아뇨. 덕분에 먹어볼 기회가 생겨서 기뻐요.

A 네. 우선 제가 준비한 걸 간단히 소개할게요. 이건 한국에서 매우 인기가 있는 불고기예요. 외국인들에게도 잘 알려져 있어요.

B 우와! 이건 뭐예요?

A 이건 여러 야채와 얇게 자른 고기를 넣은 잡채라는 거예요. 그리고 이건 김치이고 전통 발효음식인데 매운 편이예요.

B 오! 진짜 군침이 도네요. 멋진 식사 고마워요.

A 마음껏 드세요.

B 에취! 미안해요.

A 오! 신의 은총이 있기를요. 김치가 감기예방에 도움이 될 거예요.

주요 어휘 및 표현

- Thank you for having us(=Thank you for inviting us): 초대해줘서 고마워
- what I prepared for you: 당신을 위해 내가 준비한 것
- be popular with(among) foreigners: 외국인들에게 인기가 있다
- it's well-known to: ~에게 잘 알려지다
- veggies: vegetarian 또는 vegetable의 약자
- a traditional Korean fermented food: 전통적인 한국 발효음식
- a little bit spicy: 약간 양념이 매운
- my mouth is watering: 군침이 돌다
- help yourself: 많이 드세요
- Achoo: 에취(재채기 소리) (sneezing: 재채기, cough: 기침)
- prevent you from catching a cold: 당신이 감기 걸리는 것을 막다

재미있는 문화 이야기

위 대화는 미국에서 남편의 박사논문이 최종 통과되어 논문지도 교수님 가족을 초대해 식사를 하며 나눈 내용이다. 초면에 어려운 자리였지만, 분위기는 화기애애했다. 서툰 요리솜씨로 간신히 식사시간을 맞출 수가 있었다. 착석한 손님들에게 소박하게 차려진 음식을 "마음껏 드세요." 하자니 멋쩍었다. 누구나 한 번쯤 종일 고생하며 애를 썼지만, 결과물이 별 볼일 없게 느껴졌던 경험이 있을 것이다. 이제는 자기 PR시대이니 겸손보다는 자신 있게 자신의 결과물을 소개하는 건 어떨까? 여기서 PR이란, 'Public Relation'으로 '홍보'를 뜻한다.

'prepare'는 '주어가 목적어를 직접 준비한다'이다. 'prepare for'는 '주어가 목적어를 대비해 준비한다'는 의미이다. 예를 들어, 'prepare the final exam'은 '선생님이 기말 출제를 준비한다'는 의미이고, 'prepare for the final exam'은 '학생이 기말에 대비해 공부한다'는 의미이다.

'Help yourself'는 '너 자신을 도와라'보다는 '마음껏 드세요'의 의미이다. 'make yourself at home'은 '집에서 너 자신을 만들라'가 아니라, '네 집처럼 편안하게 지내라'라는 뜻이다. 'feel at home'과 같다.

'a traditional Korean fermented food'는 '전통적인 한국 발효음식'이다. 발효음식으로는 김치(kimchi), 된장(soybean paste), 전통주(traditional liquor), 와인(wine) 등이 있으며, 명사형은 'fermentation'이다.

'Achoo!'는 재채기(sneeze)를 흉내 내는 표현으로 두 번째 음절에 강세를 둔다. 도서관에서 한 미국인이 방귀를 끼고는 혼잣말로 "Excuse me"라고 했다. 미국문화는 이런 행동들이 자연스럽다. 주변 사람들은 "Bless you"라고 하고, 그 행위자는 "Thank you"로 반응하며 상황이 마무리된다. 방귀(fart or break wind)뿐만 아니라 공공장소에서 코 풀기(public nose blowing), 딸꾹질(hiccup), 트림(burp)이나 다리 흔들기(leg shaking), 심지어 코 후비기(nose picking)도 상황에 따라 용납되며, 신체의 불편함으로 간주되어 상대방은 "Bless you!"로 받아준다. 재채기 할 때 지나가는 모르는 사람이 "Bless you."라고 하면 그냥 미소를 띠며 "Thank you."라고 하면 된다.

"God bless you"는 14세기 중세유럽에서 유행했던 흑사병에서 유래되었다고 한다. 흑사병의 초기 증상이 재채기하는 것이었고, 그때마다 주변 사람이 "God bless you."라는 말을 했다고 한다. 'Bless'는 '축성하다'는 의미로 '신의 가호로 건강할 것이다'라는 의미이다. 이 긍정의 말 한마디에 사람들은 큰 힘을 얻었으며 현대에 와서는 "건강 하세요." 또는 "몸조심 하세요."라는 함축적 의미를 전하는 관용구가 되었다.

20

A Potluck Party
자기음식을 가지고 오는 파티

Dialogue

A The pecan pie you brought is out of this world!

B Thank you. That's my mom's best recipe.

A How is your mom? Say hello to her.

B I will. She's doing great. You want some more?

A No. I'm stuffed.

B Goodness! I've got to go.

A Why so soon? The night is still young.

B I don't want to overstay my welcome.

A You didn't stay long. I hope you enjoyed it.

B I really did. Thank you for the great meal.

A I'm glad you could come. We'll keep in touch.

A 네가 가져온 파이 엄청 맛있더라!

B 고마워. 우리 엄마만의 최고 요리법이야.

A 어머니는 잘 계시니? 안부 전해줄래?

B 그럴게. 그녀는 잘 계셔. 더 먹을래?

A 아니. 배가 꽉 찼어.

B 이런! 나 가봐야 될 것 같아.

A 그렇게 일찍? 아직 초저녁인데.

B 오래 머물러 폐를 끼치고 싶지 않아.

A 전혀 오래 머무른 거 아니야. 즐거운 시간이었기를 바래.

B 정말로 즐거운 시간이었어. 멋진 저녁 고마워.

A 와줘서 기뻤어. 또 연락하자.

주요 어휘 및 표현

- out of this world!: 이 세상 것이 아닌 것처럼 너무도 훌륭한
- my mom's best recipe: 엄마가 제일 잘 만드는 최고의 요리법
- say hello to~: ~에게 안부를 전하다
- stuffed: 배가 꽉 찬 'full'보다 좀 더 비공식적(informal)이며 캐주얼한 표현이다.
- Goodness: 이런! God보다 좀 더 부드럽고 온화한 표현이나 여전히 부정적임
- the night is still young: 아직 초저녁이야(밤이 아직 어리다는 의인화 표현)
- overstay my welcome: 오래 머물러 민폐를 끼치다
- keep in touch: 연락하다

재미있는 문화 이야기

'팟럭'(Potluck)은 각자가 음식을 준비해서 모임장소에서 다 같이 즐기는 파티이다. 파티를 주최하는 사람은 간단한 메인 음식만 준비하고, 참석자들이 각자의 취향에 따라 요리나 와인을 가져오는 북미에서 일반적인 파티문화이다. 보통 두 가지 형태로 이루어진다. 첫 번째, 참석자들은 요리 종류에 상관없이 가장 자신 있는 요리를 준비하는 것이고, 두 번째, 파티 주최자가 참석자들에게 특정요리를 부탁하여 준비하는 것이다. 팟럭은 참석자가 많을수록 다양한 음식을 즐길 수 있고, 주최자는 음식 준비의 부담감을 덜 수가 있다. 또한 참석자가 자신 있게 준비한 음식을 뽐낼 수도 있다. 파티가 끝나면 함께 뒷정리를 하며 각자의 그릇을 가져간다. 이런 방식이 상당히 합리적이라는 생각이 든다.

나는 사교성이 좋아 미국 문화를 즐길 수 있는 곳이면 꼭 참석하곤 했다. 특히, 대학 부속기관인 국제여성클럽(International Women's Club) 회원으로 활동하며 여러 국제행사에서 한국의 문화를 알리는 역할도 했다. 특히 매주 지역센터(community center)에서는 북미뿐만 아니라 아시아에서 온 친구들을 만날 수 있었고, 그들과 팟럭을 즐기며 다양한 문화를 자연스럽게 이해할 수 있었다. 그때의 기억들은 소중한 추억이기도 하다.

'Say hello to her.'는 '그녀에게 안부 전해 달라'는 의미이다. 'Give my love to her.'도 있으며 좀 더 격식 있고 예의바른 'Give my best regards to her.'도 있다. 'Remember me to her.' 등의 표현도 기억하자.

'overstay my welcome'은 적당한 선을 넘어서 '너무 오래 머물면 상대를 불편하게 할 수 있다'는 의미이다. 즉, '오래 머물러 미움을 사다'는 뜻이다. 상대방에게 민폐가 될 수 있는 상황에서 "I don't want to overstay my welcome."이라고 해 보자. 이는 "오래 있어서 미움 사기 싫어요."로 센스 있게 자리를 뜰 때 사용할 수 있다.

'keep(be, get) in touch with'는 '~와 연락하며 지내다'의 의미이다. 좀 더 격식 있게 'contact'를 쓸 수 있다. 여기서 주의할 점은 'contact' 자체가 '~와 연락하다'이므로 전치사 'with'와 함께 쓰지 않는다. 즉, 'keep in touch with her'는 'contact her'와 같다. 좀 더 편한(casual) 표현으로 'hit me up'이 있는데, '나를 치라'는 의미가 아니라 '언제든 연락하라'는 뜻이다. 흔히 젊은 층에서 '전화 한 통 때려'라고 말하는 의미로 보아도 좋다.

SECTION E

Restaurants

레스토랑

21. **For Here or To Go?**(여기서 드실래요? 싸가지고 가실래요?)
22. **Delivery or Pick-up?**(배달인가요? 가지러 오실래요?)
23. **Complimentary Breakfast**(호텔의 간단한 무료 아침식사)
24. **Let's Go Dutch?**(각자 계산할까요?)
25. **Giving a Tip**(팁 제공)

21

For Here or To Go?

여기서 드실래요? 싸가지고 가실래요?

Dialogue

A What would you like to drink?

B One Americano with double shots, please.

A What size would you like to have?

B Regular, please.

A Would you like some syrup in it?

B No, thank you.

A For here or to go?

B To go, please.

(In a few minutes)

A Here is one Americano with double shots. Anything else?

B Too hot! Can I have one more sleeve?

A Oh! Here you go.

A 무엇을 드시겠어요?

B 아메리카노 더블 샷으로 한 잔요.

A 어떤 사이즈를 원하세요?

B 중간(레귤러) 사이즈요.

A 시럽을 넣을까요?

B 아뇨.

A 여기서 드시나요, 가져가시나요?

B 가져갈게요.

(몇 분 지나서)

A 여기 아메리카노 더블 샷 나왔어요. 더 필요한 건 없으신가요?

B 너무 뜨거운데 컵홀더 하나 더 주시겠어요?

A 네, 여기 있습니다.

주요 어휘 및 표현

- One Americano with double shots: 아메리카노 더블 샷으로
- For here or to go?: 여기서 드시나요, 가져 가시나요?
- In a few minutes: 몇 분 후
- one more sleeve: 컵홀더 하나 더
- here you go: 여기 있어요(상대방에게 무엇을 주면서 하는 말)

재미있는 문화 이야기

미국에 있는 동안 나는 주로 맥도널드나 버거킹 같은 패스트푸드 음식점에서 점심을 해결하곤 했다. 영어 표현력의 부족으로 다른 사람들을 기다리게 하는 것이 미안해서, 다양한 메뉴를 주문하지 못하고 오직 빅맥만 주문했던 씁쓸한 기억이 있다. 똑같은 메뉴에 질려 다 먹질 못할 때면 남은 건 싸가곤 했다.

어느 날 빅맥을 주문했는데, 직원이 계속 "히어 오아 루 고(Here or to go)?"라고 반복적으로 말했다. 연음으로 너무 빨리 말한 탓에 난 이해하지 못하고 그저 "예스"라고만 말했다. 뭔가 대화가 잘못됐다고 느낀 나는 당황했고, 직원 역시 마찬가지였다. 그때 뒤에 있던 한 여학생이 "맴(ma'am), 포 히어 오아 투 고우(For here or to go)?"라고 천천히 말해 주었다. 이 문장의 의미는 '여기서 먹을지, 가져갈지'를 묻는 거였다.

지금 생각해도 웃음이 나는 기억이 있다. 5살 정도의 예쁘게 생긴 여자아이가 다가와 "이지 하 라 싸?"라고 물었다. 평생 영어를 공부했는데 아이와 소통이 되질 않았다. 속상한 마음에 다시 물어보니, 그 친절한 아이는 "Is it hot outside?"라고 천천히 말해 주었다. 즉, 밖에 날씨가 더운 지를 물었던 거였다. 이 문장에 어려운 단어는 어디에도 없다. 단어 간의 연음, 발음, 강세 등의 중요성을 새삼 느꼈다. 듣고, 말하는 연습이 부족한 한국인 성인 학습자들을 위해 미국 미취학 아동의 모국어 학습 프로그램과 같은 체계화된 교육시스템이 도입되면 좋겠다는 생각을 했다.

'One Americano with double shots'은 '더블 샷으로 아메리카노 한 잔'이라는 뜻인데, 어원이 재미있다. 'American'과 'Espresso'의 합친 말인데, 'espresso'는 '급행의, 신속한, 속달의' 즉, 영어의 'express'와 같은 의미이다. 에스프레소는 곱게 갈아 압축한 원두가루에 뜨거운 물을 고압으로 통과시켜 만들어낸 아주 진한 이탈리안 정통커피이다. 매우 단시간에 '신속하게 커피를 내린다'는 의미로 익스프레스가 이태리어로 에스프레소로 표현되었다. 미국인들에게는 에스프레소가 너무 진해 물을 타서 마시면서 아메리카노가 되었다. '더블 샷'이란, 커피의 진하기를 두 배로 한다는 뜻이다. 'one shot'은 'single shot', 'two shots'는 'double shots', 'three shots'는 'triple shots', 'four shots'는 'quad shots'로도 말할 수 있다.

'sleeve'는 '컵홀더'이다. 커피가 너무 뜨거울(extra hot) 때는 'Sleeve, please!' 하면 된다. 원래 '소매'라는 뜻이지만, 뜨거운 컵에 소매 자락처럼 덧대준다는 의미이다. 컵 뚜껑은 'lid'이다. 여러 잔을 테이크아웃 할 때 쓰이는 손잡이형 종이박스를 'carrier with a handle'이라고 한다.

외국에서의 커피 주문은 쉽지가 않다. 세분화된 메뉴에 문화충격이 올 수도 있다. 순서를 기다리는 동안 메뉴 종류를 다 읽지 못할 수도 있다. 그럴 때는 잠시 비켜 서있자. 뒤에 있는 사람에게는 그냥 'Go ahead'라고 하면 된다. 커피 종류와 사이즈, 진한 정도, 마실 장소 등 결정할 게 많다. 커피 주문은 고객의 다양한 요구사항(needs)을 맞춰주기(customized)에 커피를 주문할 때 맞춤형 서비스를 받고 있다고 생각하고 당당히 주문해 보자.

22

Delivery or Pick-up?

배달인가요? 가지러 오실래요?

Dialogue

A Greeks Pizzeria! May I help you?

B I would like one large pizza with beef and sausage.

A Would you like something to drink?

B No, thanks.

A Delivery or pick-up?

B Delivery, please.

A Can I have your address and phone number?

B 3556 N. Tillotson #203 Scheidler apt. Phone number is 755-1256

A OK. Your total comes to 16 dollars. It will take about 30 minutes.

A 그릭스 피제리아입니다! 무엇을 도와드릴까요?

B 쇠고기와 소시지 토핑의 라지 사이즈 피자를 원합니다.

A 음료수 하시겠어요?

B 음료수는 괜찮습니다.

A 배달인가요? 아니면 픽업인가요?

B 배달입니다.

A 주소와 전화번호는요?

B North Tillotson 3556번지 샤이들러 아파트 203호이며, 전화번호는 755-1256입니다.

A 총 16달러이며 30분 정도 걸립니다.

주요 어휘 및 표현

- one large pizza with beef and sausage: 쇠고기와 소시지 토핑의 라지 피자
- delivery or pick-up: 배달 또는 픽업
- your total comes to~: 총 얼마(가격)입니다

재미있는 문화 이야기

전화로 주문하는 과정은 쉽지가 않다. 소리에만 의존해야 하기 때문이다. 정확한 발음 전달을 위해 거울을 보고 연습하는 것도 도움이 된다. 우선 기본정보를 알아두자. 예를 들어, 피자를 주문할 때는 피자 크기와 개수, 크러스트 종류, 토핑 추가여부, 배달인지 아니면 직접 가지러 갈 것인지 등이 있을 수 있다. 추가 토핑이 필요 없을 때는 'no additional toppings'라고 하자. Buy One Get One 쿠폰(BOGO coupon)이나 상품권 내지 할인코드(promotion code)가 있다면 미리 말을 해야 한다. 세금과 수수료 등이 추가될 수 있으므로 반드시 "What's the total?"이라고 확실히 묻는다. 이해하지 못했을 때는 "Pardon?"이라고 말하면 천천히 설명해 준다. 피망을 원치 않을 때는 "Could you remove green pepper?"라고 말하면 된다.

"얼마나 걸려요?"는 "How long will the delivery take?"이다. 배달 도착시간이 지나면 다시 가게에 전화를 하는 경우도 있다. 이때는 "My order is not here yet. How much longer will it take?"라고 말할 수 있다. 이는 아직 도착하지 않았는데, 얼마나 더 걸릴지를 묻는 표현이다. 배달 직원에게 반드시 팁을 주는 것도 명심해야 한다. 보통 총 금액의 10~15%를 팁으로 준비해 둔다. 처음 전화 주문으로 배달 완료된 피자를 보고 뿌듯했던 기억이 있다.

3556 N. Tillotson St. #203 Scheidler Apt. Muncie, IN 47304는 실제로 내가 살았던 곳의 주소다. 주소 쓰는 순서가 한국과는 반대다. 이름을 제일 먼저 쓴다. 그 다음으로 번지, 도로명, 아파트, 도시, 주, 우편번호(Zip Code), 나라 순이다. 즉, 3556번지 북쪽 Tillotson가, Scheidler 아파트 203호, Muncie, 인디애나, 우편번호 47304이다. 미국의 대부분 주소에는 도로명이 있다. 도로명의 종류를 알아보자. 대표적으로 Street(St.)이 있으며 Avenue(Av.)와 비슷하다. Blvd.는 Boulevard로 도시에 비교적 넓은 도로를 지칭한다. Ln.은 Lane으로 주택가에 있는 비교적 좁은 골목을 의미한다. 친구의 집 근처 교차로에서 Cres.라는 표지판을 본 적이 있다. 'Crescent'는 초승달의 약자로 '초승달처럼 꼬부라진 길'을 의미한다. 교차로마다 도로 이름이 표시되어 있다. 이것은 신호대기 중 본인의 위치를 확인하는 데에 도움을 준다. 미국 주소에서 'Suite'를 흔히 볼 수 있다. 이는 가정집이 아닌 '사무실' 정도로 이해하면 된다.

성조기에 있는 50개의 별은 주의 수를 의미한다. 50개 주의 이름은 약어로 표기한다. 예를 몇 가지 들어보자. IN=인디애나(Indiana), CA=캘리포니아(California), OH=오하이오(Ohio), MI=미시건(Michigan), IL=일리노이(Illinois), FL=플로리다(Florida), GA=조지아(Georgia) 등이다.

23 Complimentary Breakfast
호텔의 간단한 무료 아침식사

Dialogue

A Welcome to Comfort Inn. How may I help you?

B I'd like to make a reservation for this Saturday. Do you have any vacancies?

A Yes, ma'am. There're a few rooms available. How many people is the reservation for?

B For two, please.

A Would you like a double room? All twin rooms are fully booked up. We have only double rooms available.

B I have no choice. I'll take it.

A Do you want a room with an ocean view?

B Oh! I'd like that. What is the room rate?

A It's 300 dollars per night including tax. We offer a complimentary continental breakfast between 7 and 10 in the morning. Can I have your name?

B OK. That's good. My name is Grace Jung. My last name is J-U-N-G

A How would you like to pay, ma'am?

B By mastercard.

A Alright, Jung, you're all set.

A 컴포트 인입니다. 어떻게 도와드릴까요.

B 이번 주 토요일 예약하고 싶은데요. 빈방 있을까요?

A 네, 고객님. 몇 개의 방은 가능합니다. 몇 분 예약이신가요?

B 두 사람입니다.

A 더블 룸 어떨까요? 모든 트윈 룸이 예약됐고, 더블 룸만이 이용 가능합니다.

B 선택의 여지가 없군요. 그걸로 할게요.

A 바다전망 있는 방을 선호하시나요?

B 네, 좋아요. 방값은 얼마인가요?

A 하룻밤에 세금 포함 300달러입니다. 저희는 오전 7시에서 10시까지 유럽식 조식 서비스가 제공됩니다. 성함이 어떻게 되시죠?

B 네, 좋아요. 제 이름은 그레이스 정입니다. 성은 J.U.N.G입니다.

A 지불은 어떻게 하시겠어요?

B 마스터 카드요.

A 네, 예약 완료되셨습니다.

주요 어휘 및 표현

- Comfort Inn: 컴포트 숙소. 미국의 유명한 프랜차이즈 숙소
- I'd like to make a reservation: 예약하고 싶다. 'd(would)
- vacancy: 빈방, 결원, 공석(=opening)
- a few rooms available: 몇 개의 방 이용 가능한
- double room: 2인용 트윈 침대 하나인 방 / twin room: 1인용 싱글 침대 두 개인 방
- be fully booked up: 예약이 차다(book은 동사로 예약하다)
- will take it: 그거로 할게요
- with an ocean view: 바다전망 있는
- room rate: 숙박비(출생률은 birth rate, 사망률은 death rate, 이자율은 interest rate)
- per night including tax: 세금포함 하룻밤에(per: 각, ~당, ~에 대하여)
- complimentary continental breakfast: 무료 유럽식 아침식사
- you're all set(=your reservation has been made): 예약 완료되다

재미있는 문화 이야기

위의 대화는 호텔접수원(Receptionist)과의 대화이다. 여행할 때는 숙소를 미리 예약해 두는 것이 좋다. 호텔은 비싼 편이라 나는 주로 체인으로 된 인(inn)을 선호했다. 적당한 가격과 충분한 편의시설, 좋은 서비스가 만족도를 높였다. 대부분 숙소는 콘티넨탈식 조식을 제공한다. '무료조식'을 'complimentary breakfast'라고 한다. 'complimentary'는 '칭찬할 만한', '무료의' 의미로 쓰인다. '무료이기도 하니 칭찬할 만하다'라고 기억해 보자. 숙소 예약 시 무료 조식서비스를 미리 확인해 두자.

호텔 룸 타입을 보자. 'a single room'은 일인 침대 한 개가 있다. 'a double room'은 두 사람이 잘 만큼 충분히 넓은 침대 하나가 있다. 그리고 'a twin room'은 일인 침대 두 개가 있다. 'a suite room'은 주방, 거실 그리고 여러 개의 방이 있고 가격이 비싸다. 'suite room'은 제일 좋은 객실이니 머무는 시간 자체가 달콤할 것 같아 'sweet room'으로 생각한 적이 있다. 'suite'와 'sweet'은 발음이 같으므로 주의를 요한다. 일인 침대 3개가 있는 방을 'a triple room'이라 한다. 전망을 볼 수 있는 객실은 'outside room'이라 하고, 그렇지 못한 객실은 'inside room'이다. 룸 넘버(room number)는 숫자를 나열하듯 읽는다. 예를 들어, 'Room 315'는 'Room three one five'(three fifteen도 가능함)이고, 'Room 107'은 'Room one o seven'이다. 이때 '0'은 보통 'zero'보다는 'o'(오)라고 한다.

다음 날 아침 중요한 업무로 일어나야 한다면 모닝콜서비스를 받을 수 있다. 'morning call'은 콩글리시이며 'wake up call'이 맞는 표현이다. 여기서 잠시 일상에 스며든 콩글리시를 보자. 자동차 핸들은 'steering wheel'이라고 한다. '바퀴 모양(wheel)의 자동차 핸들을 조종(steer)'한다는 뜻이다. 'talent'는 '재능'이란 뜻이고, 배우를 지칭할 때는 성별에 따라 'actor, actress'라고 한다. 리모컨도 '멀리서 조절한다'는 의미로 'remote control'을 줄인 콩글리시이다. 'air conditioner'를 '에어컨'이라 하는 경우도 마찬가지이다. 'notebook'은 공책이며, 컴퓨터 노트북은 'lap top'이다. 'desk top'을 책상 위에 올려놓고 쓰듯이 'lap'(무릎)과 'top'(위)이 만나 '무릎 위에 놓고 쓴다'는 의미이다. 바바리코트는 'trench coat'이다. 깁스는 'cast'인데, 원래 깁스는 'gibs'로 독일어로 '석고'라는 뜻이다. 전기 콘센트도 'outlet'이다. 'multi-tap'은 단지 다중연결이 가능하다는 뜻이며, 옳은 표현은 'power strip' 혹은 연장 코드인 'extension cord'이다. 애프터서비스도 콩글리시이며 'after-sales service' 또는 'warranty service'가 옳다.

지불 방식을 보자. 'by cash'는 현금으로, 'by card'는 카드로, 'by check'은 수표로 지불하는 것이다. 자동이체는 'pay by direct debit'이라고 한다. 'debit card'는 직불카드로 물건 구매 시 예금 잔액에서 바로 인출되는 방식이다.

24

Let's Go Dutch?

각자 계산할까요?

Dialogue

A Did you enjoy your dinner?

B The food was yummy and the waiter served us very well. I'll definitely come again.

C Yep! Fun atmosphere! Affordable price! Sauce was phenomenal!

D 'Organic Spinach Pizza' was the bomb! Bread sticks were amazing, too! I always bring home leftovers!

B Never let me down. The owner was very kind.

A I'm so glad you enjoyed it. The total comes to 80 dollars. Do you want to separate the bills?

C Yeah. We'd like to go Dutch. Here's my card.

A OK. Here's your receipt. Thank you. The drive-through service is also available.

C Oh, I see. I think I'll come again.

A 저녁식사는 맛있었나요?

B 음식은 맛있었고, 음식을 제공하는 분들은 친절했어요. 꼭 다시 올 거예요.

C 네! 즐거운 분위기에 적당한 가격이었어요. 특히 소스의 맛이 대단했어요.

D 네, 유기농시금치 피자는 어머 어마한 맛이네요. 브레드스틱도 놀랄만한 맛이고. 남은 음식을 집에 가져오는 것도 좋아요.

B 절대 실망을 안 시키네요. 사장님도 너무 좋으세요.

A 즐거운 시간을 보냈다니 기뻐요. 총 80달러예요. 계산서를 각각 드릴까요?

C 네, 각자 낼 예정입니다. 카드 여기 있어요.

A 네. 영수증 여기 있어요. 드라이브 쓰루 서비스도 가능해요.

C 알겠어요. 계속 오게 될 것 같아요.

주요 어휘 및 표현

- Organic Spinach Pizza: 유기농시금치가 메인인 피자
- fun atmosphere!: 화기애애한 분위기!
- affordable price!: 감당할 만한 가격(적당한 가격)!
- sauce was phenomenal!: 소스의 맛이 경이적이다
- bomb!: 핵폭탄급으로 강력한
- bread sticks are amazing: 브레드스틱 맛이 놀랍다
- I always bring home leftovers!: 남은 음식을 집으로 가져오다
- let ~down: ~를 실망시키다
- separate the bills: 계산서를 분리하다. 즉, '따로 계산하다'로 'split'도 쓸 수 있다.
- go Dutch: 더치하다
- receipt: 영수증
- drive through: 드라이브 스루(차로 탄 채 이용하는 식당, 은행 등) ex) curbside service

재미있는 문화 이야기

미국에 머물던 당시 나는 영어과에 소속된 어학수업을 들었다. 그리고 방과 후에는 학교 부속기관인 러닝센터(learning center)에서 박사과정에 있는 미국 학생에게서도 수업을 받을 수 있었다. 대학원생은 학점(credit)을 받을 수 있고, 나는 고급영어를 배울 수 있는 기회였다. 어느 날 나를 가르쳐 준 대학원생은 점심식사를 제안했고, 나는 흔쾌히 응했다. 대학가 근처 그릭스 피제리아(Greek's Pizzeria)라는 맛집에서 평소보다 더 맛있는 식사를 하며 많은 대화를 나눴다. 다 먹고 계산할 즈음에 그가 먼저 계산대에 가더니 맙소사! 자신이 먹은 것만 계산하는 것이었다. 지금 생각해도 여전히 당황스럽다. 미국 문화는 더치(Dutch)에 익숙했고, 그 이후로 나도 익숙해져 갔다. 요즘은 한국도 젊은 층에서는 더치 문화가 당연시 여겨진다. 부모님께 용돈을 받는 학생들 간에는 더욱 그렇다.

원래 'Dutch'는 '네덜란드의' 또는 '네덜란드인'의 뜻이다. 네덜란드(Netherlands)는 네덜란드의 한 지역 이름인 'Holland'로 쓰이기도 한다. 17세기 이후 네덜란드와 영국 간의 전쟁을 계기로 네덜란드는 영국으로 넘어갔다. 이후 네덜란드인은 꾸준히 영국 정치에 관여하면서 두 나라는 갈등을 빚게 되었다. 이로 인해 영국인들은 네덜란드인을 부정적인 의미를 담아 'Dutch'로 쓰기 시작했다. 'go Dutch'는 '네덜란드에 가자'는 의미가 아니라, '비용을 각자 부담하다'인데, 이는 네덜란드인은 인색하다는 의미를 내포하고 있다. Let's go Dutch, Let's go half-and-half, Let's split the bill, Let's go fifty-fifty 모두 같은 의미이다. 'Let's pay Dutch'는 콩글리시이므로 가급적 사용을 피해야 한다.

포장해서 가져가고자 하는 남은 음식은 'leftover food' 내지 'doggie bag(doggy bag)'라고 한다. 아마 강아지의 먹거리로 남은 음식을 싸간다는 취지가 아니었을까 싶다.

'curbside service'는 일종의 드라이브 스루(drive through) 형태로 가두 픽업(curbside pick up)이라고도 한다. 맥도널드 같은 곳에 'Try free curbside pick up'이라는 표지를 흔히 볼 수 있다. 'Curbside Pick up Parking Only'는 '가두 픽업만 주차하라'는 의미로 짧은 시간의 주차만 허용된다. 최근 코로나로 대면 방식을 피해 자동차에서 교과서를 배부 받았던 방식 또한 'curbside pick up'이다.

25 Giving a Tip
팁 제공

Dialogue

A May I take your order?

B It's a veggie-friendly restaurant, right? What's today's special?

A You can enjoy our amazing salad bar with plenty of choices.

C Actually, there are not many restaurants for vegetarians.

B The green bar has fresh and tasty foods. I love them.

A Yes, that's one thing that our restaurant stands out from other restaurants.

B Wow! See a variety of veggies there? S~~o tempting!

A Our vegetable soup is the best in town, too.

C Thank you. We'll try some.

(After A is gone, B and C are talking.)

B How much should we give her for a tip?

C It depends on food choices and the waitress's service, but a general rule is to tip about 15% of the pre-tax bill.

B Got you!

A 주문하시겠어요?

B 채식주의자에게 좋은 식당 맞죠? 특별한 메뉴 있나요?

A 다양한 선택을 할 수 있는 멋진 샐러드 바 어때요?

C 사실 채식주의자들을 위한 다양한 식당은 그다지 없어.

B 샐러드 바는 신선하고 맛있는 재료들이 있어서 너무 좋아.

A 네. 그게 저희 가게를 다른 식당과 차별화 해주는 것 중 하나예요.

B 우와! 저곳에 다양한 야채들이 보이지? 완전 맛있겠어!

A 야채수프는 이 근처에서 최고일 겁니다.

C 감사합니다. 먹어볼게요.

(A가 간 후 B와 C가 대화한다.)

B 팁은 얼마를 줘야 되지?

C 음식 선택과 웨이트리스 서비스에 따라 다르지만, 보통은 세전 계산서의 15% 정도야.

B 알겠어!

주요 어휘 및 표현

- May I take your order?: 주문하시겠어요?
- veggie-friendly: 채식주의자에게 좋은
- plenty of choices: 많은 선택들
- stand out: 눈에 띄다, 두드러지다
- tempting: 마음을 끄는, 유혹하는
- is gone: 가버리고 없다
- to tip 15%: 15% 팁을 주는 것이다. 여기서 tip은 동사로 쓰임
- pre-tax bill: 세금 전 계산서
- Got you: 알겠어, 그렇구나!(=I see)

재미있는 문화 이야기

종업원이 있는 레스토랑에서는 팁을 준비해야 한다. 더치에 익숙한 문화이므로, 동행이 여러 명일 경우 식사 값을 어떻게 계산할지에 대해 종업원에게 미리 알려주는 것이 좋다. "Is everything OK?"라고 묻는 음식점은 거의 팁을 지불하는 편이다. 맥도날드나 버거킹 같은 패스트푸드 음식점에서는 이런 질문을 하지 않으므로 팁을 내지 않아도 된다. 정해진 팁은 총 식사 비용의 10%이지만, 팁에 관대한 미국인들 중에는 15~20%를 내는 경우도 있다. 물론 기분이 좋으면 25%도 낸다. 일반적으로 팁은 세금의 두 배를 지급한다. 세금비율은 조금씩 다르지만 보통 8% 정도 된다. 인디애나를 비롯한 중서부 지역은 5~6% 정도로 세금이 높지 않은 편이다. 음식점뿐 아니라 술집, 호텔, 공항, 택시 등 서비스를 받는 모든 경우에는 위에 언급한 범위 내의 팁을 준비해 두어야 한다.

"May I take your order?"는 "주문 받을까요?"로 서버가 하는 말이다. 반면, "Can you take my order?"는 "저의 주문을 받아주시겠어요?"로 손님의 표현이다. 참고로 전화상에서 전화를 건 사람이 메시지를 남기고 싶을 때는 "Can you take a message?"(메시지 받아서 전해 주시겠어요?)라고 한다. 수신자가 메시지를 남기라고 요청할 때는 "Can you leave a message?"(메시지 남겨 주시겠어요?)라고 한다. 이런 기본적인 표현이 헷갈릴 때가 있다.

미국은 파티에 가면 채식주의자 코너가 따로 마련되어 있다. 채식주의자는 여러 단계가 있다. 세미 채식주의자(semi-vegetarian)들은 주가 채소이지만, 고기류도 먹기 때문에 융통성 있는 채식주의자(flexitarian)라고 불린다. 즉, flexible(유연한) + vegetarian(채식주의자)의 합성어이다. 락토 오보 베지테리언(lacto-ovo vegetarian)은 달걀과 우유, 치즈, 버터, 크림, 요거트 등의 유제품, 그리고 꿀 등은 허용하나 육류만 섭취하지 않는 채식주의자로서 채식주의자 중에 많은 비율을 차지한다. 여기서 'lacto'는 우유나 유제품이며 'ovo'는 알 또는 달걀을 의미한다. 그리고 비교적 쉽게 들었던 비건(vegan)은 고기와 생선은 물론이고 달걀, 우유, 꿀 등 동물에서 비롯된 모든 음식들을 섭취하지 않는 엄격한 채식주의자를 뜻한다. 최근에는 비행기 탑승 전 채식주의자들을 위한 식단 예약도 보편화되었다.

'gone'은 '가버리고 없다.'는 의미이다. 동사변화는 'go-went-gone'이다. "Have you gone to the States?" 이 문장은 "너 미국에 가 버리고 없니?"로 비문이다. 이미 가고 없는 상대와 대면대화는 불가능하기 때문이다. 물론 전화로는 가능할 수도 있다. 결론은 "너 미국 가본 적 있니?"는 "Have you been to the States?"이다. 명곡 중 하나인 'She's gone'은 '그녀는 떠나고 없다'는 의미이다. 여기서 's'는 'has'가 생략된 표현이다. 'Gone with the Wind'는 '바람과 함께 사라지다'이다.

SECTION F

Shopping and Banking

쇼핑과 금융

26. **Just Browsing**(그냥 구경하는 거예요)
27. **Garage Sale and Rain Check**(중고 세일과 우천 교환권)
28. **Farmer's Market**(농산물 직판장)
29. **Black Friday and Boxing Day**(블랙 프라이데이와 박싱데이)
30. **Can I have Four Ones?**(1달러 4장 주실래요?)
31. **American Coins**(미국동전)

26 Just Browsing
그냥 구경하는 거예요

Dialogue

A Is there anything you're looking for?

B I'm just browsing.

A OK! Take your time

B Oh! Do you have any striped shirts on sale?

A What size do you wear?

B Small size, please.

A Here you go. It's a trendy fashion style. It's 10 percent off at the moment.

B I like it. Can I return it if it doesn't fit?

A Sure. You can get a refund if you bring the item and the receipt within a week.

B OK! Can you wrap it up for me?

A 찾고 있는 것이 있으신가요?

B 그냥 둘러보는 중이예요.

A 네, 편하게 둘러보세요.

B 줄무늬 셔츠 세일하나요?

A 몇 사이즈 입으시죠?

B 스몰 사이즈예요.

A 여기 있어요. 요즘 유행하는 스타일이에요. 지금 10% 세일합니다.

B 이거 마음에 들어요. 혹시 안 맞으면 반품할 수 있나요?

A 물론이죠. 일주일 이내에 물건과 영수증을 가져오시면 됩니다.

B 네! 포장해 주시겠어요?

주요 어휘 및 표현

- browsing: 둘러보는 중(=looking around)
- take your time: 천천히 하다, 여유를 가지다
- striped shirts: 줄무늬 셔츠
- on sale: 할인판매 중(for sale: 판매용으로 각각 다른 의미로 쓰인다)
- 10 percent off: 10% 할인
- trendy fashion style: 요즘 유행하는 패션 스타일(=in fashion(반의어: out of fashion))
- wrap it up: 포장하다, 싸다

재미있는 문화 이야기

쇼핑할 때 점원의 안내가 부담일 때가 있다. 점원의 "May I help you?"의 응대로 "No, thanks. I am just looking around." 혹은 간단히 "I'm just browsing."이라고 할 수 있다.

'striped shirts'는 '줄무늬 셔츠'이다. 옷의 패턴 종류를 알아보자. 줄무늬는 'striped', 꽃무늬는 'floral', 깃털 모양은 'paisley', 물방울무늬는 'polka dot', 체크 모양은 'checkered', 격자 문양은 'plaid', 기하학무늬는 'geometric', 무늬가 없는 것은 'plain', 동물 문양은 'animal pattern'이다.

여성들이 즐겨 입는 원피스는 'one piece'가 아니라 'one piece dress'이다. 'pants'는 바지로 항상 복수로 쓴다. 정장 바지는 흔히 'trousers'라고 한다. 'short'에 's'를 붙이면 반바지가 된다. 면바지, 정장바지, 장갑, 양말, 신발 등 좌우대칭으로 구성된 의류는 항상 복수형이다. 신발 한 켤레는 'a pair of shoes'라고 하며, 바지 두 벌은 'two pairs of pants'이다. 'pullover'는 목 폴라를 의미한다. 목에 올라오는 스웨터를 통칭하는 말이다.

'10% off'는 '10% 할인'이란 뜻이다. 제값 이상으로 물건을 구매했을 경우 한국 표현으로는 '바가지 썼다'라고 한다. 이때 영어로는 'rip-off'라고 쓴다. 사전적으로는 '찢다, 떼어내다'이지만 또한 '훔치다'라는 의미도 있다. 즉, 원래 가격보다 많이 떼어간다는 뜻으로 '바가지 쓰다'로 쓰인다. 따라서 "It's a rip off."는 "완전 바가지네."라는 의미이다. 'steal'도 '훔치다'인데 차이가 있다. 'steal'은 실제로 도둑맞은 실체가 있고, 'rip off'는 도둑맞은 실체는 없으나 그런 느낌일 때 쓴다.

의류 사이즈는 XXS부터 XL까지 다양하다. 한국의 44, 55, 66, 77은 XS, S, M, L 정도로 표기된다. 작은 사이즈는 쁘띠(petit)라고도 한다. 쁘띠란 프랑스어이며 '작은'이란 뜻이다. 신발 사이즈의 경우, 한국 사이즈로 240이면 미국 사이즈로는 7이 된다. 235이면 6.5, 245이면 7.5로 한국 사이즈 5당 미국 사이즈 0.5 단위씩 변화한다.

'wrap it up'은 '포장하다'는 뜻이다. 구매의 마무리 단계가 포장이기 때문에 어떤 일을 '끝내다'의 의미가 있다. 풀리지 않는 대화나 언쟁을 '마무리하다'도 될 수 있다. 예를 들어, 수업을 마무리할 때 'Let's wrap it up!'이라고 쓴다. 이는 'Let's call it a day!'라고 바꿔서 해도 좋다.

27 Garage Sale and Rain Check
중고 세일과 우천 교환권

Dialogue

A Where are you going?

B I'm going to a rummage sale.

A What do you want to buy? I am interested in buying things like dishes, books, and furniture.

B You can get them at a low price.

A I need summer clothes, too. I wanna come along with you, but I'm not available now.

B Do you know a Goodwill store? It sells gently used clothing, shoes and even small household items.

A Oh! Used items donations and purchases? Can we stop by there late this afternoon?

B It closes on Sunday. Their working hours are from 9 a.m to 6 p.m, Monday through Friday.

A I see. Would you like to go with me tomorrow after lunch break?

B Oh! I'm afraid I have a prior appointment. Give me a rain check for next week.

A OK. My schedule works! Thanks for your time.

A 너 어디 가니?

B 러미지 세일(중고물품 판매)에 갈 거야.

A 뭘 살 건데? 나는 접시나 책, 가구 같은 물품을 사는 것에 관심이 있어.

B 그런 것들을 싼 가격에 살 수 있어.

A 나도 여름옷이 좀 필요해. 같이 가고 싶지만, 지금은 시간이 안 돼.

B 굿윌 가게 아니? 거기도 깨끗하게 쓴 중고 의류, 신발 그리고 심지어 작은 가정용 생활용품도 있어.

A 아! 중고용품 기증이나 판매한다는 곳? 오늘 오후 늦게 잠깐 들러볼까?

B 일요일은 문을 닫아. 운영시간이 월요일에서 금요일로 오전 9시에서 저녁 6시까지야.

A 그렇구나. 내일 점심시간 후에 같이 갈래?

B 그 시간에는 선약이 있어. 다음 주쯤으로 연기할 수 있을까?

A 응, 나는 스케줄이 가능해. 시간 내줘서 고마워.

주요 어휘 및 표현

- rummage sale: 러미지 세일(중고물품 판매, 자선바자회)
- things like A, B and C: A, B 그리고 C와 같은 것들
- at a low price: 낮은 가격에
- gently used clothing: 깨끗하게 사용된 중고의류들
- even small household items: 심지어 작은 가정용품
- stop by: 들르다(=drop by, visit for a short time)
- late this afternoon: 오늘 오후 늦게
- working hours: 운영시간
- a prior appointment: 선약
- give me a rain check: 약속을 미루다

재미있는 문화 이야기

미국에 있을 때 삶의 기쁨 중 하나가 금요일 오후쯤부터 개장되는 '그라지 세일'을 둘러보는 것이었다. 주택지를 다니다보면 전봇대나 골목 곳곳에 그라지 세일(garage sale: 창고를 판매하는 것이 아니라 창고에서 중고품을 판매하는 것), 야드 세일(yard sale: 마당 세일이란 뜻으로 개인 주택의 마당에서 사용하던 물건을 파는 것), 무빙 세일(moving sale: 이사 가기 전 불필요해진 물건을 파는 것), 러미지 세일(rummage sale: 헌 물건들을 모아서 하는 자선 바자회를 하는 것)등의 팻말을 흔히 볼 수 있다. 미국에서 'garage'나 'yard'는 창고 같은 개념으로, 당장 필요 없는 물건을 보관하는 곳이다. 그렇게 모여진 물건들을 값싸게 팔기도 한다.

이런 생활 방식은 개척시대에 물건이나 식료품의 부족으로 서로의 물건을 교환하거나 판매하던 것에서 비롯되었다. 그래서 굿 윌 스토어 같은 중고물품 가게(second-hand store 또는 used store)도 발달되어 있다. 'Goodwill store'는 미국에서 처음 시작되었고, 기업으로부터 기증받은 새 제품에서 중고품까지 다양한 품목을 판매한다. 종종 헐값에 나온 명품을 구입하는 행운을 건질 수도 있었다. 'Goodwill store'를 자주 방문한 덕에 직원과 인사하는 편한 사이가 되기도 했다. 'thrift store' 역시 중고매장이다. 경제적 여유가 없던 그 당시에는 클리어런스 제품 구매와 바이 원 겟 원 쿠폰을 모아두는 것이 일상이었다. 'clearance sale'이란, 슈퍼마켓이나 백화점에서 하는 '점포정리 판매'를 뜻한다.

'레인 체크(rain check)'는 우천 시 교환권으로 야구경기가 천재지변으로 취소되거나 연기될 때 주최 측에서 나중에 다시 관람할 수 있도록 티켓을 나눠준 것에서 시작되었다. 슈퍼마켓에서도 유사한 교환권이 사용되는데, 예를 들어, 세일하는 품목이 품절(out of stock)일 때는 세일 유무에 관계없이 다음에 하나를 사면 하나를 더 주는 '바이 원 겟 원'(buy one get one) 티켓을 교부해 준다. 이 또한 '레인 체크'라고 한다. 그리고 위 대화에서처럼 개인적인 약속을 미룰 때도 '레인 체크'라는 표현을 사용할 수 있다.

가격이 저렴할 때는 'cheap'보다는 'good price' 또는 'reasonable price'라고 한다. 현저히 저렴한 물품 구입에 대해서는 "That's a real bargain."(아주 싸게 샀구나)라는 표현도 있다. 거의 공짜같이 구매했을 경우 "That's a steal."이라고도 한다. 이는 '거의 훔친 것이나 다름없다'는 표현이다.

'working hours'는 운영시간으로 'operation hours, business hours'와 같다. 운영시간을 물을 때는 "What are your business hours, please?"라 하면 된다. 이때 '언제'라는 의미지만, 'When'이 아니고 'What'이라는 사실을 기억하자. 이 표현을 모르면 "What time do you open?"과 "What time do you close?"라고 두 번 질문하는 번거로움이 있다. 영어는 간단할수록 좋다.

28 Farmer's Market

농산물 직판장

Dialogue

A When I was in Korea, I used to visit a traditional market and enjoy a variety of street foods like Korean noodles, pancakes, a fish cake, a Korean pizza and more... I actually miss that time.

B Have you ever heard about the Farmer's Market in Muncie? You can find the season's best products, meats, dairy products, plants, and many others. Each month it features new cooking and canning demonstrations.

A Oh, really? Is it open every day?

B No, it's open on Wednesdays and Saturdays.

A Is it open in the winter, too?

B They have the outdoor market wrapped up. They close the outdoor market and just open the indoor market in the winter. Do you want to go next week?

A Sure. Thanks for offering.

B My pleasure.

A 한국에 있을 때 종종 재래시장에서 다양한 길거리음식을 즐기기도 했어. 국수나 호떡, 어묵, 부침개 같은… 사실 그때가 그리워.

B 먼시에 있는 파머스 마켓에 대해 들어봤니? 고기, 치즈, 유제품, 야채 등 계절에 맞는 최고로 좋은 상품을 찾을 수 있어. 매달 새로운 요리와 캔 음식 시연을 보여 주기도 해.

A 진짜? 매일 열어?

B 아니. 매일은 아니고, 매주 수요일과 토요일에 열어.

A 겨울에도 열어?

B 겨울에는 짐을 싸서 실내에서 열어. 다음 주에 같이 갈래?

A 물론이지. 제의해 줘서 고마워.

B 천만에.

주요 어휘 및 표현

- used to visit: 종종 방문하곤 했다
- a traditional market: 전통재래시장
- a variety of street food like~: ~같은 다양한 길거리음식들
- a fish cake: 어묵 / a Korean pizza: 부침개
- season's best products: 계절에 맞는 최고로 좋은 상품
- dairy products: 유제품
- canning demonstrations: 캔 음식 시연
- the outdoor market: 야외시장
- wrap up: 짐을 싸다, 포장하다

재미있는 문화 이야기

나의 어머니는 8남매의 맏며느리로, 평생 수많은 제사를 지내셨고 지금도 손수 제사 준비를 하신다. 어릴 때 어머니와 함께 재래시장에서 장도 보고 군것질을 했던 기억이 있다. 미국에서도 내가 살던 작은 마을은 농산물 직거래장(farmers market)이 있었다. 매주 수, 토요일마다 열리는데, 제법 사람 냄새가 풍겼으며 다채로운 먹거리도 있었다. 시장 입구에서부터 풍겨 나오는 향 좋은 커피와 달콤한 계피맛의 샌드위치는 그날의 든든한 아침식사이자 소소한 기쁨이 되었다. 특히 가을철이면 풍성하게 수확된 농산물을 구경하는 것 또한 또 다른 행복이었다. 생소한 야채와 음식 등의 볼거리에 시간이 가는 줄을 몰랐다.

대화에서 'cake'과 'pizza'앞에 부정관사 'a'를 썼는데, 원래 이들은 관사와 함께 쓰지 않는 물질명사이다. 통사론적으로 보면, 언어는 규범문법(Prescriptive Grammar)과 기술문법(Descriptive Grammar)이 있다. '규범문법'은 어떤 규칙을 정하고 이를 통해 말하고 쓰는 것에 초점을 맞춘다. 반면에, '기술문법'은 사람들이 실제로 어떻게 언어를 말하고 쓰는지를 알려준다. '규범문법'은 정통적인 문법 체계를 고수하는 반면, 촘스키(Noam Chomsky: 언어학의 대가) 이후의 언어학 방식은 기술문법을 추구한다. 현재 언어는 '기술문법'에 좀 더 관심을 둔다. 언어의 목적인 의사전달에 있어서 간단함에 비중을 두며 언어의 다양성을 인정하기 때문이다. 'cake'나 'pizza'의 경우도 '규범문법'에서 보면 부정관사 'a'를 쓰지 않지만, 실제생활에서는 위의 대화에서처럼 흔히 사용된다.

또 다른 예를 보면, He is taller than me.와 He is taller than I.가 있다. 'than'은 접속사이므로 당연히 주어동사가 오니 'I'(am은 생략)가 맞지만, 실제로는 'me'가 주로 사용된다. 그리고 "내가 누구와 얘기하고 있지?"라는 의미의 "Whom am I talking to?"에서 'whom'은 전치사 'to'의 목적어로 사용되어 목적격 'whom'이 와야 한다. 하지만 편의상 'who'를 선호해 "Who am I talking to?"가 실제생활에서 사용된다.

"They have the outdoor market wrapped up. They close the outdoor market and just open the indoor market in winter." 전자 후자 모두 '야외 장을 닫는다'는 뜻이다. 전자에서는 '닫는다'의 표현으로 'wrap up'을 썼다. 즉, 전·후 문장 중 하나만 써도 의미는 통한다. 영어에서 이런 것을 'redundant'(불필요한)라고 한다. 한국어에도 역전(驛前) 앞, 돼지족(足)발, 새신랑(新郞) 등 한자 사용으로 인해 의미가 중복된 단어들이 많다. 이런 표현들을 틀린 것으로 보기는 어렵지만, 좀 더 신중히 고쳐서 써야 할 필요가 있다.

▶Muncie, Minnetrista에서 매주 열리는 farmer's market(야외시장)

29 Black Friday and Boxing Day

블랙 프라이데이와 박싱데이

Dialogue

A How is everything, my sis? So far, so good?

B Yep! I'm just preparing dinner for fourteen people, my three siblings' families, my son's family and daughter's family. Most have got four days off during the Christmas holiday and Boxing Day.

A Boxing Day? What is it?

B It's a holiday that celebrates the day after Christmas in the UK and some other countries. In the older British tradition, the servants of rich people were allowed to visit their families the day after Christmas Day because they would have to serve their masters on Christmas Day. The masters would give their servants a box of leftover food and gifts.

A A-ha! Black Friday is the day after Thanksgiving Day whereas Boxing Day is the day after Christmas Day.

B Yes, most stores make a great profit, going from being in the red to black in Black Friday.

A Many stores such as Target, Best Buy, JCPenney and Sears open early in the morning. An early bird! First come, first served.

B Yes! Get some stuff at an affordable price! How are Jung and Grace?

A They're as busy as bees doing their works. How is your back surgery?

B The doctor had to put pins on every vertebrae so I'm not able to bend down or turn my body side to side.

A Pins make you uncomfortable. Take care of yourself.

A 별일 없었어, 친구? 모든 게 괜찮지?

B 응! 지금 14명을 위한 저녁을 준비하는 중이야. 세 형제자매들의 가족과 내 아들 가족, 딸 가족이야. 그들 대부분은 크리스마스와 박싱데이 4일 동안이 휴가야.

A 박싱데이? 그게 뭔데?

B 영국이나 몇몇 다른 국가에서 크리스마스 다음날을 기념하는 휴일이야. 옛날 영국 전통에 하인들은 그들의 부자 주인들을 크리스마스에 도와야 하므로 크리스마스 다음날 가족을 보도록 허락이 되었어. 그러면 주인들은 하인들에게 남은 음식이나 선물을 주곤 했지.

A 아하. 블랙 프라이데이는 추수감사절 다음 날인 반면, 박싱데이는 크리스마스 다음 날이네.

B 그렇지. 아마 대부분 가게가 엄청난 이익을 볼 거야. 블랙 프라이데이 때 적자에서 흑자가 되는 거지.

A 타깃, 베스트 바이, 월마트, 제시 페니와 시얼즈 같은 곳이 아침에 일찍 문을 열어. 일찍 가봐야지. 선착순이니깐.

B 좋은 가격으로 물건을 사길 바랄게. 정이랑 그레이스는 잘 지내니?

A 각자 일하느라 아주 바빠. 척추 수술한 건 괜찮아?

B 의사가 나의 모든 척추에 핀을 꽂아서 숙이기도 힘들고, 내 몸을 좌·우로 움직이기도 힘들 지경이야.

A 너무 불편하겠어. 부디 몸을 잘 챙기길 바랄게.

주요 어휘 및 표현

- So far, so good: 지금까지는 좋다
- siblings' families: 형제자매 가족들
- be allowed to: ~하도록 허락받다
- leftover food: 남은 음식들
- make a great profit: 엄청난 이익을 보다
- from being in the red to the black: 적자에서 흑자로
- an early bird: 일찍 일어나는 새, 부지런한 사람
- first come, first served: 먼저 오면 먼저 대접받다. 즉, 선착순
- at an affordable price: 좋은(감당할 만한) 가격에
- as busy as bees: 벌처럼 바쁜, 매우 바쁜
- back surgery: 척추수술 / vertebrae: 척추뼈
- be not able to bend down: 구부릴 수가 없다
- turn my body side to side: 몸을 옆으로 돌리다
- make you uncomfortable: 너를 불편하게 하다

재미있는 문화 이야기

미국에서는 11월 넷째 주 목요일이 'Thanksgiving Day'이며, 그 다음날인 금요일이 'Black Friday'이다. 이 날은 미국의 최대 쇼핑행사 날이다. 참여한 많은 업체들이 대규모 흑자(black)를 기록하는 데서 유래된 말이라고 한다. 실제로 미국 소매상들의 연간 매출액 중 약 70%가 이때 이루어진다고 한다. 'Black Friday' 일주일 전부터 예비세일이 시작되며, 당일 하루 전부터 본격적인 블랙 프라이데이 행사가 시작된다. 매년 이때쯤 되면 끝이 보이지 않을 정도의 긴 줄을 곳곳에서 볼 수가 있다. 아예 하룻밤을 지새울 작정으로 담요와 먹거리를 준비하여 전날부터 줄을 서는 사람들도 많다.

영국에서 시작된 '박싱데이'는 크리스마스 다음 날인 12월 26일을 일컫는다. 이 날은 주변에 도움이 필요한 사람들에게 선물을 전하는 날이기도 하다. 최근 북미와 유럽에서는 크리스마스 전·후의 파격적인 할인행사 기간을 칭하기도 하며 미국의 '블랙 프라이데이'와 흡사하다.

'박싱데이'의 유래는 여러 가지가 있다. 그 중 하나는 크리스마스 파티 준비로 집에 가지 못한 하인들에게 그 다음날 주인이 박스 안에 남은 음식을 가져가도록 한 데서 시작되었다고 한다. 또 다른 유래는 교회에서 크리스마스에 기부상자를 만들어 헌금과 선물을 받은 뒤 다음날 가난한 이들에게 나누어 주는 전통이라고도 한다.

캐나다 친구 캐롤은 척추수술(back surgery)로 몸이 불편했지만, 사람을 좋아하는 성격이라 주변 친구들과 가족을 위해 '박싱데이'를 준비했었다. '박싱데이'는 가까운 지인끼리 파티 개념으로도 쓰인다.

'early bird'는 '일찍 일어나는 사람'으로 'morning person'이며, 'night owl'은 '밤에 활동하는 사람'으로 'night person'이다. 'The early bird catches the worm'은 '일찍 일어나는 새가 벌레를 잡는다'로 남보다 부지런하면 성공의 확률도 높아진다는 뜻이다. 'an early-bird sale'은 '선착순 할인', 'an early-bird parking rates'는 '선 주차 시 주차비 할인 혜택'을 뜻한다. 'First come, first served'는 '선착순'이다. 자주 접하는 문구이므로 기억하자.

재미있는 관용표현을 알아보자. 'as busy as bees'는 '벌처럼 부지런한 이'를 가리킨다. 'as blind as a bat'은 '시력이 나쁜 사람', 'as poor as a church mouse'는 옛날 가난의 상징이었던 교회를 비유해 '생활이 어려운 사람', 'as silent as an oyster'는 꽉 닫힌 굴처럼 '말이 없는 사람', 'as mean as a snake'는 뱀처럼 '비열한 사람', 'as cool as a cucumber'는 오이처럼 '차가운 사람'을 뜻한다.

'vertebrae'는 '등뼈, 척추뼈'로 spine과 같은 뜻이며, 차이는 'vertebrae'가 좀 더 의학적인 용어라고 보면 된다. 심장이 'heart'와 'cardio~'이며, 간이 'liver'와 'hepato~'인데 각각 첫 번째가 일반용어이고, 두 번째는 의학용어이다.

30 Can I have Four Ones?

1달러 4장 주실래요?

Dialogue

A How can I help you?

B I'd like to withdraw some money.

A Can I have your valid photo ID?

B Will my driver's license do?

A Yes, that will do. Do you want to withdraw money from your checking or savings account?

B From my checking account.

A What's your account number and how much would you like to withdraw?

B 814902-12-123456 and 500 bucks, please.

A How do you want it?

B Four one hundreds, one fifty, four tens, one five, and five ones.

A All right. Here they are.

A 무엇을 도와드릴까요?

B 돈을 좀 인출하고 싶어요.

A 사진이 있는 유효한 신분증을 보여주시겠어요?

B 운전면허증도 괜찮을까요?

A 네, 됩니다. 당좌계좌에서 인출할까요, 아니면 저축계좌에서 인출할까요?

B 당좌계좌에서요.

A 계좌가 어떻게 되며 얼마를 인출할까요?

B 81490-12-123456이며 500달러요.

A 어떻게 드릴까요?

B 100달러 4장, 50달러 1장, 10달러 4장, 5달러 1장, 그리고 1달러 5장이요.

A 알겠습니다. 여기 있습니다.

주요 어휘 및 표현

- withdraw: 인출하다
- valid photo ID: 유효한 사진이 있는 신분증
- from checking or savings account: 당좌예금 또는 저축예금 계좌에서
- account number: 계좌번호
- bucks: 미국, 호주, 뉴질랜드의 달러, 인도의 루피, 수사슴
- four one hundreds: 100달러짜리 4장 400$ / one fifty 50달러짜리 1장 50$
- four tens: 10달러짜리 4장 40$ / one five: 5달러짜리 1장 5$ / five ones: 1달러짜리 5장 5$

재미있는 문화 이야기

미국에 가면 가장 먼저 해야 할 일은 계좌를 만드는 것이다. 사진이 포함된 유효한 신분증(a valid photo ID)은 필수적이며, 거주지를 증명하기 위한 렌트 계약서(lease contract) 내지는 공과금 영수증(utility bill)을 지참해야 한다. 통상적으로 당좌예금(checking account)과 저축예금(savings account) 두 가지 계좌를 만든다. 'checking account'는 당좌계좌로 미국인들이 가장 많이 사용한다. 이는 체크카드(Debit card)로 이용할 수 있고, 수표로 입·출금이 가능하며 이자는 없다. 또한 일정금액 이상 예치되지 않으면 서비스 수수료가 발생한다. 'savings account'는 저축예금계좌로 이자가 있으며 시간이 지날수록 이율이 높아지나, 일정금액 이상 예치되지 않으면 역시 수수료가 발생한다.

자주 쓰이는 은행용어를 보자. 'open my bank account'는 '계좌를 오픈하다', 'deposit money'는 '돈을 입금하다', 'withdraw cash'는 '현금을 인출하다', 'window'는 '창구', 'account number'는 '계좌번호', 'interest rates'는 '이자율', 'banking hours'는 '은행 업무시간', 'loan system'는 '대출시스템', 'security card'는 '보안카드', 'endorse check'는 '수표에 서명하다 또는 이서하다', 'current balance'는 '현재잔액', 'ATM: Automated Teller Machine'는 '현금인출기', 'transfer, remit'는 '송금, 이체하다', 마지막으로 'service charge'는 '수수료' 등이다.

지폐를 셀 때는 간단하다. 100달러 4장이면 'four one hundreds', 50달러 1장은 'one fifty', 5달러 1장 'one five', 1달러 5장 'five ones'이다. 'three fifties+two twenties+ten ones'는 50달러 3장+20달러 2장+1달러 10장으로 합치면 총 150+40+10 = 200달러가 된다. 예를 들어, 우체국에서 우표를 구매할 때도 50센트 10장이라고 하면 'ten fifty stamps' 또는 'ten fifties'라고 하면 된다. 10센트 50개면 'fifty ten cents' 내지 'fifty tens'하면 된다. 'money' 대신 'buck'란 재미있는 은어도 사용한다. 'buck'이란, 원래 사슴이란 뜻인데, 화폐가 없던 시기에 사슴가죽이 화폐의 가치로 활용한 데서 유래되었다. 현재는 달러의 의미로도 통용된다.

31 American Coins
미국동전

Dialogue

A May I help you?

B I'd like to exchange Korean won into U.S. dollars. What's the exchange rate today?

A It's 1,150 won for 1 dollar.

B The won seems to be getting weaker.

A That's true. The exchange rate last week was 1,130 won for 1 dollar. Your ID, please.

B Here you are.

A How much do you want?

B I have 70,000 won in cash

A It amounts to sixty dollars and fifty five cents. How do you want your money?

B Sixty ones and the change. One quarter, two dimes, a nickel and five pennies

A Here you are. Anything else?

B No thank you.

A 무엇을 도와드릴까요?

B 한국 돈을 미국 달러로 교환하고 싶어요. 환율이 어떻게 되나요?

A 달러 당 1,150원입니다.

B 원화가 점점 약해지는 것 같아요.

A 맞아요. 지난주 환율은 1,130원이었습니다. 신분증 주시겠어요?

B 네, 여기 있습니다.

A 얼마를 바꾸시겠습니까?

B 현금으로 7만 원입니다.

A 그러면 60달러와 55센트이네요. 어떻게 드릴까요?

B 60달러와 거스름돈으로 부탁드립니다. 25센트 하나, 10센트 둘, 5센트 하나, 1센트 다섯 개로 주세요.

A 네 여기 있습니다. 또 도와드릴 것이 있나요?

B 아니요. 감사합니다.

주요 어휘 및 표현

- exchange rate: 환율
- get weaker: 더 약해지다
- ID: Identification(신분증명)
- 70,000 won: seventy thousand won
- in cash: 현금으로(on credit: 외상으로)
- amount to~: ~총계에 달하다
- change: 잔돈(keep the change: 거스름돈 가져요)
- a quarter: 25센트 / a dime: 10센트 / a nickel: 5센트 / a penny: 1센트

재미있는 문화 이야기

미국생활 초기에 은행 업무에 진땀이 났었다. 미국사람들에게는 은행 업무가 일상 중 하나이지만, 처음에는 대단한 산처럼 느껴져 나는 시간을 내어 현지 은행과 보험에 관한 공부를 해야만 했다. 금융에 관련한 영어를 사전에 익혀두면, 현금 인출과 예치에서 곤욕은 면할 수가 있다.

또 다른 은행 관련 표현을 보자. 'exchange'는 환전, 'exchange rate'는 환율, 'insufficient funds'는 현금 부족, 'account holder'는 예금주, 'signature'는 서명, 'payment'는 지불(납입), 'monthly statement'는 매달 납부고지서, 'direct debit'는 자동납부, 'card slot'는 카드삽입구, 'pin number'는 비밀번호, 'teller'는 은행직원, 'note'는 지폐, 'amount'는 액수 등이 주로 사용된다.

미국의 지폐로는 $100, $50, $20, $10, $5, $1가 있다. 한때 $2 지폐(bill)와 50센트 코인이 통용되기도 했으나, 더 이상 발행되지 않고 있다. 동전의 종류는 다음과 같다.

• 25센트: quarter(100센트의 1/4이란 의미로 '쿼러'라고 한다.)
• 10센트: dime(다임) / 5센트: nickel(니클) / 1센트: penny(페니)

여기서 'weaker'는 '화폐의 가치가 낮아졌다'는 의미로 쓰였는데, 영어구사 능력의 정도를 언급할 때에도 'get weaker' 또는 'stronger'를 쓴다. 즉, 영어구사 능력이 떨어질 때는 'weak', 잘하는 사람에게는 'strong'이라고 표현한다.

70,000원은 'seventy thousand won'이다. 700,000원은 'seven hundred thousand won'이며, 7,000,000 즉, 칠백만 원은 'seven million won'하면 된다. 7천만 원은 'seventy million won'이고, 7억은 'seven hundred million won'이다. 7십억 원은 'seven billion won', 7백억 원은 'seventy billion won'이고, 7천억 원은 'seven hundred billion won'이며, 7조는 'seven trillion won'이다. 더 이상의 천문학적인 수치(astronomical figures)는 몰라도 살아가는데 어려움이 없을 것이다. 이 정도의 금액만 응용해도 되지 않을까?

SECTION G

Travel and Transportation

여행과 교통운송

32 A Winter Camp

겨울캠프

Dialogue

A Are you going to the winter camp?

B Sure. Why not?

A What about Jenny? Is she going, too?

B I'm not sure if her father allows her to join the camp.

A Is her father strict?

B She has a 10 o'clock curfew.

A What if she doesn't come back home by 10? She'll be grounded?

B Yeah. That's why she always hurries home when we hang out together. And you know her father used to be a three-star general?

A Wow! Three-star general! No wonder she has to be home early.

B I hope she can join the camp.

A I hope so, too.

A 너는 겨울캠프 갈거니?

B 물론이지. 물어볼 필요도 없어.

A 제니는 어때? 그녀도 갈 수 있을까?

B 그녀의 아버지가 캠프에 참가하게 하실지 모르겠어.

A 아버지께서 엄하신 편이니?

B 귀가시간이 10시래.

A 10시까지 집에 귀가하지 않으면 어떻게 되지? 외출 금지령이라도 떨어지니?

B 그렇지. 그래서 우리와 어울려 놀 때 항상 서둘러 가는 거야. 아빠가 3성 장군이셨다는 거 알고 있니?

A 우와, 3성 장군! 집에 일찍 들어가야 하는 게 놀랍지 않네.

B 캠프에 같이 갈 수 있으면 좋을 텐데.

A 나도 그녀가 함께 가면 좋겠어.

주요 어휘 및 표현

- why not?: 왜 안 돼? 당연히 되다
- not sure if ~: ~인지 아닌지 확실하지 않은
- allow her to join: 그녀에게 참가하도록 허락하다(=let her join)
- a 10 o'clock curfew: 귀가시간이 10시
- what if~: ~하면 어쩌지?
- be grounded: 외출금지령이 내려지다
- that's why~: ~한 이유다(결과 강조)
- hurries home: 집에 서둘러 가다, hurry: 서두르다(동사) / in a hurry: 서둘러서(명사)
- hang out: 친구들과 어울려 나가서 놀다(play는 운동이나 악기, 컴퓨터에 사용)
- used to be a three-star general: 한때 3성 장군이었다
- no wonder: ~하는 게 당연하다(이상하지 않다)

재미있는 문화 이야기

'Are you going?'과 'Are you coming?'은 상황에 따라 다른 의미일 수 있다. 즉, 상대방이 화자가 있는 쪽으로 가는 경우는 'come'을 쓰지만, 다른 장소로 가는 경우는 'go'를 쓴다. 예를 들면, 향수병(homesick)이 심해 미국생활을 힘들어 한 후배가 있었다. 후배는 기숙사에서 지냈다. 기숙사 식사를 담당하던 분이 후배를 꽤 잘 챙겨주셨다. 언젠가 그분은 후배에게 저녁을 먹으러 오라고 전화를 하셨다. 감사한 마음으로 후배는 "I'm going soon."이라고 말하고 식당에 갔다. 그런데 황당하게도 식사를 거의 치우는 분위기였다. 그분은 후배가 다른 곳으로 외출한다고 이해하셨던 것이다. 이 상황에서는 "I'm coming soon."라고 했으면 기다려주셨을 것이다.

기본적으로 언어는 듣기, 말하기, 읽기, 그리고 쓰기 등 네 가지 부분으로 이루어져 있다. 그 중 미국의 쓰기 교육은 배울 점이 많다. 초등 저학년부터 본격적으로 작문연습을 시작하여 학년이 올라가면서 더욱 에세이 교육이 엄격하게 이루어진다. 이러한 훈련은 학년이 높아지면서 엄청난 무형자산으로 자리 잡는다. 실제로 대학 교육을 받은 미국인 친구들의 언어구사력은 논리적이며 체계적이다. 어떤 이슈에 대해 상대를 설득하는 능력과, 예를 들어가며 이해시키는 능력은 감탄할 수준이다.

내가 지켜본 미국과 한국 교육의 가장 눈에 띄는 차이는, 미국에서는 학생들 각각의 능력에 맞게 평가를 받는 시스템이었다. 딸은 미국 중학교에서 읽기와 작문(composition) 수업을 받기 시작했을 때 배경지식이 거의 전무했지만, 각 과목에서 우등(honor) 학점을 받았다. 이는 각자가 역량에 맞는 과제를 받고, 관련된 문제를 해결하면 A$^+$를 받는다. 반면, 높은 실력이라도 그 역량에 맞는 과제를 해결하지 못했을 때는 기대보다 낮은 학점을 받는다.

한국과 또 다른 교육방식에 놀랐던 경험이 있다. 딸은 성악에 관심도 많았고 좋아했다. 어느 날 음악 선생님께서 학예회에 솔로로 나갈 것을 제안하셨다. 하지만 미국 생활을 시작한 지 얼마 안 된 때여서 영어구사력도 약하고, 아시아인에 대한 차별이 있을까봐 정중히 거절했다. 그런데 막상 학예회에서 솔로로 나온 학생은 가사도 틀리고 음 이탈의 실수를 반복했다. 그런데 나의 예상과는 달리 그 학생의 어머니는 진심으로 자식을 자랑스러워했다. 시간이 흘러 이제 대학생이 된 그 학생은 노래 실력이 일취월장하여 최근 교회 성가대에서 프로 가수급의 활동을 한다는 소식을 들었다. 반면, 나의 딸은 과거의 영광이 무색해졌다. 칭찬과 격려, 그리고 강한 동기부여가 무엇보다도 중요한 교육방식이였음을 절실히 깨닫게 되었다.

'That's why'는 '~가 ~한 이유다'로 결과를 강조한다. 반면, 'That's because'는 '~가 ~이기 때문이다'로 원인을 강조한다. 위 대화의 'that's why~' 구문은 'She always hurries home that's because she'll be grounded.'로 표현할 수 있다. 이유와 결과 중 어디에 강조를 둘지 생각하고 간결한 문장을 만들어야 한다.

33 My GPS is Dead
나의 GPS가 작동이 안돼요

Dialogue

A Excuse me! Could you show me how to get to Hampton Inn Majestic around here?

B That's a good question. I'm new here. Actually, looking for some place for a meeting.

A Oh, I See.

Excuse me, sir! I'm looking for Hampton Inn.

C It's within a stone's throw. Go straight ahead and you'll see the Willis Tower between the McDonald and the Shell Gas Station. It's kitty-corner to the Willis Tower.

A I have a terrible sense of direction. My stupid GPS is dead.

C Hum! Get in your car and follow me.

A How kind of you! Thank you.

C My pleasure. You can't miss it.

A 실례합니다만, 근처에 있는 Hampton Inn Majestic 어떻게 가는지 아시나요?

B 잘 모르겠어요. 여기가 처음이라서요. 사실 저도 회의장소를 찾는 중이예요.

A 그렇군요. 실례합니다만, Hampton Inn을 찾고 있어요.

C 아! 엎어지면 코 닿을 거리예요. 직진하면 맥도날도와 쉘 주유소 사이에 윌리스 타워 보이죠? 윌리스 타워에서 대각선 방향이에요.

A 제가 심한 길치예요. 게다가 답답한 GPS가 작동을 안 해요.

C 음~ 당신 차에 타셔서 나를 따라오세요.

A 친절함에 감사드립니다.

C 천만에요. 잘 찾으실 거예요.

주요 어휘 및 표현

- Hampton Inn Majestic: 숙소 중 햄턴 호텔 종류도 여럿이라 Majestic을 붙여 구분한다.
- That's a good question: 생각해 볼 필요가 있는 좋은 질문이다. 나도 잘 모른다
- meeting: 회의 / blind date: 미팅(남녀소개팅)
- within a stone's throw: 매우 가까운 거리
- Shell Gas Station: 조개껍데기 로고의 주유소
- kitty corner to: 대각선 맞은편
- a terrible sense of direction: 지독한 길치
- GPS: Global Positioning System(위성항법시스템)
- dead 죽은, 고장난(=out of order, not working)
- you can't miss it: 분명히 찾을 거예요

재미있는 문화 이야기

위의 대화는 시카고에서 윌리스 타워(Willis Tower)를 둘러본 후, 어둑해질 즈음 숙소를 찾는데 애먹었던 상황이다. 결국 지나가는 경찰에게 도움을 구하였다. 미국에서 길을 잃으면 가장 안전한 방법은 경찰에게 도움을 청하는 것이다. 한 번은 지나가는 이에게 물었는데, 그의 반응이 흥미로웠다. "That's a good question." "좋은 질문"이라고 했다. 나의 영어 표현이 수준급인줄 알았다. 그런데 이 표현은 바로 대답하기 어렵거나 모를 때 생각할 시간을 벌기 위해 쓰이는 표현이었다. 즉, 'I don't know.'란 뜻이다.

플로리다에 있는 올랜도(Orlando)에 갔을 때이다. 디즈니월드는 월트 디즈니(Walt Disney)가 만든 세계 최대 규모의 종합 휴양지로 미국 플로리다주 중부 올랜도에 위치한 테마파크이다. 해가 저물고 숙소로 돌아갈 시간이 되었는데, 아침에 서둘러 오는 바람에 주차한 장소를 기억하지 못했다. 모두가 자신의 차를 찾아 유유히 사라지고, 그 넓은 주차장에는 우리 가족만이 덩그러니 남게 되었다. 때마침 지나가는 경찰차에 도움을 요청했다. 미국은 총기 소지가 자유로운 나라인지라 경찰 스스로 보호 차원에서 민간인을 차에 동승시키지 않아, 그들은 내 차 열쇠만 가지고 가더니 한참 후에 돌아왔다. 놀랍게도 내 차는 정반대편 주차장에 있었다. 그 이후 나는 주차한 곳을 사진 찍어놓는 습관이 생겼다.

'kitty corner to'는 '대각선 방향'을 뜻한다. 이는 고양이들이 높은 곳에 올라가 대각선 모서리로 뛰어다니는 상황을 상상하면 이해가 빠를 것이다. 'turn right(left)'는 '우(좌)회전하다', 'across from'은 '건너편', 'next to(beside, by)'는 '옆', 'between'은 '사이', 'around the corner'는 '아주 가까운', 'on the corner'는 '모퉁이에', 'go straight ahead'는 '직진' 등 간단한 방향과 위치 표현을 익혀두자.

시카고는 바람의 도시(Windy City)로 유명하다. 내가 갔을 때도 바람이 어마어마했다. 오대호(Great Lakes)의 영향이었다. 시카고에서 'Willis Tower'는 수십 년 간 최고의 명성을 지키고 있다. 처음에는 Sears가 설립하여 'Sears Tower'로 알려졌으며, 후에 Willis가 인수하면서 'Willis Tower'가 되었다. 미국은 설립자나 기부자의 이름을 차용해 건물을 칭하는 경우가 많다. 'Willis Tower' 내에 고속 엘리베이터를 타고 스카이 덱(Sky Deck)에 오르면 시카고의 전경을 한눈에 볼 수가 있다. 바다처럼 넓은 미시간호수(Lake Michigan)는 아름다웠고, 높은 빌딩 사이로 사람들이 지나가는 모습은 평화로워 보였다.

34 Customs, Immigration and Quarantine
세관, 출입국심사, 검역

Dialogue

A Do you have anything to declare?

B Nothing. Here's my customs declaration form.

A What do you have in your bag?

B My personal belongings like clothes.

A Do you have any other commercial items?

B No. Just some souvenirs for my family and friends.

A Would you mind opening your bag?

B Sure. There you are.

A OK! Have a pleasant stay!!

A 신고하실 것이 있습니까?

B 아니요. 여기 세관신고서 있습니다.

A 가방에는 뭐가 있나요?

B 의류 같은 개인 소지품입니다.

A 다른 상업적인 물품이 있나요?

B 아니요. 친구나 가족을 위한 기념품 밖에 없어요.

A 봐도 될까요?

B 물론이죠. 여기 있습니다.

A 네, 즐겁게 머물다 오시기 바랍니다!

주요 어휘 및 표현

- customs declaration form: 세관신고서
- personal belongings: 개인 소지품
- commercial items: 상업적 물품
- some souvenirs: 기념품들

재미있는 문화 이야기

위의 대화는 세관 절차를 밟는 상황이다. 국경을 통과하기 위해서는 세관(Customs), 출입국심사(Immigration), 그리고 검역(Quarantine) 등의 절차를 거친다.

우선 공항에 도착하면 탑승 수속(check-in)을 한다. 항공권(Plane ticket)과 여권(passport)을 창구에 보여주고, 탑승권(boarding pass)을 받으면 창가(window seat) 좌석인지, 통로(isle seat) 좌석인지의 여부를 말해준다. 짐은 탁송화물(check-in baggage)로 보내고 수하물표(claim check)를 받는다. 이때 수하물이 무게 초과(over sized, over weight)이면 추가수화물 운임(excess baggage charge)을 내야 하므로, 무게를 미리 확인하면 도움이 된다. 기내로 직접 들고 가는 가방은 'carry-on baggage'라고 한다.

탑승수속을 마치고 세관(customs)을 통과하면서 보석이나 명품, 기타 고가품이나 음식, 가축 등에 대해 신고(declare)를 해야 한다. 그 다음 검색대(detector)에서 소지품과 몸 검사를 받는다. 출국의 마지막 단계는 출국신고(immigration)이다. 이때 여권, 탑승권을 제시하고 출국신고서(embarkation card)에 도장을 받는다. 이제는 비행기만 타면 된다. 탑승권에 적힌 탑승구(gate)로 미리 가있는 것이 좋다. 원하면 면세점(duty-free shop)을 이용할 수도 있다. 목적지(destination)에 도착하면 도착지 공항 세관에서 입국심사(immigration interview)를 받는다. 소지물품의 명세를 적은 여행자 휴대품 신고서(customs declaration form)를 여권, 비자(visa)와 함께 세관원(customs officer)에게 보여주면, 방문 목적(purpose of visit)과 체류 기간(duration of stay) 등을 질문 받고 입국 허가(entry permit)를 받게 된다. 동·식물 등을 동반할 경우는 검역소(quarantine)를 거친다. 입국 수속을 마치면 수화물 찾는 곳(baggage claim)에서 본인의 짐을 찾으면 된다.

여기서 'quarantine'을 보도록 하자. 최근 코로나로 인해 자주 접하는 용어이기도 하다. 이는 전염병 예방을 위한 방역, 격리, 검역, 검역소의 의미로 쓰인다. 'forty'(40)의 뜻을 가진 이탈리아어 'quaranta'의 변형인 'quarantina'(40일간)에서 시작되었다. 14세기 중엽 유럽을 휩쓴 흑사병(페스트)으로 엄청난 사망자가 발생하면서 항구에 정박하는 배들은 미리 선상에서 검역당국의 검사를 받고 '건강증명서'(clean bill of health)를 받아야만 하선이 가능했다. 통과되지 못하면 40일간 항구 밖에서 격리돼야 했던 것에서 유래된 단어이다. 'self quarantine'과 'self isolation'은 둘 다 '자가격리'로 비슷한 의미 같지만, 후자인 'self isolation'은 전염성 질환이 있는 환자들을 건강한 사람들로부터 분리시키는 의미의 '자가격리'인 반면, 'self quarantine'은 혹시나 전염병의 감염 가능성이 있는 사람들이 감염여부가 확인될 때까지 자가에 머물면서 타인과 떨어져 있는 '자가격리'이다. 'self quarantine'은 강제적이지 않은 자발적 격리의 개념이라 'self isolation'보다 더 '광범위한 격리'를 뜻한다.

35 MITS Bus
미츠버스

Dialogue

A By the way, what does MITS stand for?

B It's Muncie Indiana Transit System. This bus is for people with no cars.

A How much is the MITS bus fare?

B Students and anyone with a valid school ID can ride for free.
All veterans are eligible to ride the MITS for free with a valid ID. Senior citizens and disabled individuals can pay only half price. Anyone presenting a valid Medicare card pays half price.

A Oh! I see. What are their service hours?

B 6:15 a.m. to 9:30 p.m., Monday through Friday, 8:15 a.m. to 6:15 p.m. on Saturdays and no service on Sundays

A I need to use it on weekends. But no service on Sundays.

B Yes, and its routes are limited during evening hours. Check their individual schedules.

A A-ha! That's why most American college students have their own cars.

A 그건 그렇고, 미츠가 뭐야?

B 먼시 인디애나 교통수송시스템이고, 차가 없는 사람들이 이 버스를 이용해.

A 요금은 얼마인데?

B 학교 ID가 있으면 학생이든 누구라도 무료야. 유효한 신분증이 있는 퇴역군인도 무료이며, 노인과 장애인은 반값이고 유효한 의료보험증을 제시하면 누구라도 반값이야.

A 아~ 알겠어. 운행시간은 어떻게 돼?

B 월요일에서 금요일은 오전 6:15에서 밤 9:30이고, 토요일은 오전 8:15에서 오후 6:15까지야. 그리고 일요일은 운행 안 해.

A 주말에 필요한데, 일요일에는 운행이 안 되는구나.

B 많은 노선이 저녁시간에는 운행되지 않으니 개인적 스케줄을 확인해 보는 게 좋아.

A 아~ 그래서 대부분 미국 대학생들은 차가 있구나.

주요 어휘 및 표현

- stand for: 대표하다, 상징하다(=symbolize)
- veteran: 퇴역군인, 재향군인
- can pay only half price: 반값만 지불하다
- senior citizen: 노인
- disabled individuals: 장애인
- anyone presenting a valid Medicare Card: 유효한 의료보험증을 제시하는 누구라도
- service hours: 운행시간, 이용시간
- Monday through Friday: 월요일에서 금요일
- on Saturdays: 토요일마다(=every Saturday)
- its routes are limited: 노선이 제한적이야

재미있는 문화 이야기

미국 소도시에서는 차가 있어야 한다. 대중교통은 불편하다. 시내버스는 온 동네를 정차할 뿐만 아니라 중간에 예기치 않은 일이 생기면 기약 없이 기다리기를 반복한다. 하지만 자차 이용 시 이러한 시간소비를 막고 원하는 곳을 자유로이 다닐 수 있다.

MITS는 인디애나 대중교통시스템으로 'Muncie Indiana Transit System'의 약자이다. 자동차가 없는 경우 유일하게 이용할 수 있는 대중교통 버스이다. 학생뿐 아니라 교직원, 그리고 학교 관련 종사자들(faculty & other school employees)은 신분증 제시 시 MITS 무료 이용이 가능하다. 대부분의 미국 학생들은 자차를 이용하기 때문에 학교에는 주차난이 심하다. 그래서 한 학기 단위로 주차비용을 지불하고 각자 지정구역에 주차를 한다. 지정 주차위반 시 벌금이 부과된다. 캠퍼스와 멀어질수록 주차비용은 적어진다. 주차비를 절약하기 위해선 불편함을 감수해야 하는 시스템이다. 교내 셔틀버스가 있지만 배차 간격이 원하는 시간대가 아닐 수 있다.

미국 학생들의 차 소유 개념은 우리와는 다르다. 물론 자본주의의 상징인 미국에서 부자일수록 고급차를 소유하는 건 당연하다. 하지만 학생들은 부모로부터 경제적 독립을 해서 지내는 경우가 많기에, 차에 사치를 부릴 여유가 없었다. 대부분 학생들은 교내에서 여러 시간제 근무를 하며 등록금과 기타 생활비를 벌기 때문에 차의 상태는 다양했다. 지나갈 때 엄청난 매연을 뿜고 신호 대기 중 시동이 꺼지는 차도 많았다. 심지어 유리 창문이 없어 종이박스를 임시로 끼워놓은 상태로 달리는 차도 있었다. 그리고 보험 가입이 되지 않은 차량도 있었다.

인디애나주를 후지어(Hoosier)로 재미있게 부르기도 한다. 이는 '순박한 시골뜨기 인디애나 주민'이라는 의미로 귀엽기도 하고 인간적인 칭호인 것 같다. 인디애나에 근접한 주는 오하이오인데, 오하이오 사람을 '벅 아이'(buck eye)로 부르기도 한다. 이는 '행운을 상징하는 씨앗'으로 선물용이나 장식용으로도 쓰인다. 벅 아이 하면 잊지 못할 에피소드가 있다. 벅 아이는 꼭 밤(견과류)처럼 생겼으며 가을에 곳곳에 떨어져 있다. 처음 벅 아이를 보고 훌륭한 간식거리가 생겼다며 즐겁게 주워와 한 알을 먹었다. 그런데 갑자기 식도가 타들어가며 숨이 막히는 것 같은 무시무시한 느낌을 받았다. 급하게 미국 친구에게 전화했더니, 독극물센터(poisonous center)에 전화를 해주었다. 종합병원 응급실에 실려가 위세척을 받았고, 한동안 우유를 계속 마시라는 의사의 친절한 충고와 함께 퇴원했던 아찔한 경험이 있다. '벅 아이'는 독성분이 있으며 식용이 아니란 것을 나중에서야 알았다.

'senior citizen'은 '어르신들'을 뜻한다. 연세 드신 분들에 대한 존칭어로 'elders' 또는 'elderly people'도 있다. 'old man'이나 'old woman, old people'는 부정적 의미로 쓰일 수 있으니 유의해야 한다.

36 Volkswagen, A Used Car
중고차 폭스바겐

Dialogue

A Do you have any unforgettable experiences in your American life?

B Well, I had many difficulties, especially with my car. I had a used car, Volkswagen, in bad condition. On one snowy day, my car wouldn't start. I totally got stuck.

A Did it snow a lot in Indiana?

B Freezingly cold weather with unbelievably heavy snow in the winter. Another day, my car was frozen when I was about to go to school. So, I poured hot water over the door knob but it was broken.

A Hum~ tragicomic! Any memorable moments in your life?

B I never forget my graduate school days because I could study what I wanted to. I also feel happy now when I'm with my students.

A Sounds like teaching is exactly the right position for you.

B Yeah. I really like teaching. There are so many things I can learn from my students. I'm glad I can motivate them a lot, too.

A Seems like it's a rewarding job.

A 미국에 살면서 잊을 수 없는 경험들이 있니?

B 음, 힘든 일이 많았지. 특히 차 때문에. 아주 낡은 상태의 중고차 폭스바겐을 탔어. 어느 눈 내리는 날 시동이 안 걸리는 거야. 완전히 갇혔잖아.

A 인디애나는 눈이 많이 내리니?

B 겨울에 믿을 수 없을 만큼의 폭설로 엄청나게 추워. 어느 날 학교를 가려니 차가 꽁꽁 얼었어. 그래서 차 손잡이를 더운물로 부었는데 문이 떨어졌어.

A 흠! 웃프네. 살면서 가장 기억에 남는 순간은 언제야?

B 대학원 시절을 잊을 수가 없어. 왜냐하면 원했던 것을 공부할 수 있었거든. 그리고 학생들과 수업할 때도 진짜 행복해.

A 너에게 딱 맞는 직업인 것 같구나.

B 응. 가르치는 일이 정말로 좋아. 학생들에게서는 배울게 아주 많아. 또한 내가 그들에게 동기부여를 줄 수 있다는 것이 기뻐.

A 보람된 직업이네.

주요 어휘 및 표현

- unforgettable experiences: 잊을 수 없는 경험들
- a used car: 사용된 차. 즉, 중고차(second hand car: 두 번째 손을 거친 역시 중고차)
- on one snowy day: 눈 오는 어느 날에
- wouldn't start: 출발하려고 하지 않았다(would: 고집이나 의지를 나타내는 조동사)
- totally: 완전히
- get stuck: 정체되다, 막히다
- freezingly cold weather: 꽁꽁 얼 만큼 추운 계절
- unbelievably heavy: 믿을 수 없을 만큼 무거운
- pour hot water: 뜨거운 물을 붓다
- was frozen: 얼었다.(freeze–froze–frozen)
- be about to: 막 ~하려고 하다
- another day: 또 다른 어느 날(대화 전반에서 one이 나왔으므로 another day로 나옴)
- over the door knob: 문손잡이 위에
- was broken: 부러졌다, 망가졌다(break–broke–broken)
- tragicomic = funny and sad: 웃기기도 하고, 슬프기도 한
- graduate school days: 대학원 시절
- the right position for you: 너에게 딱 맞는 위치, 지위
- motivate: 동기부여하다
- rewarding job: 보람된 직업

재미있는 문화 이야기

인디애나에서 800달러의 폭스바겐 레빗이 내 첫 차였다. 오래된 중고차는 수시로 시동이 걸리지 않았다. 그래서 트렁크에 점프 케이블(jump cable: 방전된 배터리에 임시로 충전할 수 있는 전선) 장치를 두고 필요시 직접 충전해 쓰곤 했다. 폭설로 차가 얼면 더운물을 부어 녹여야 했다. 어느 날 폭설로 차문이 열리지 않았다. 지나가는 사람들에게 도움을 요청해 두세 사람이 다 같이 차문을 당겼다. 순간 문이 떨어져 나갔다. 지금은 추억이 되었지만, 그 당시에는 수업을 가야 해서 어쩔 줄 몰라 울었던 기억이 난다.

폭스바겐을 폐차한 후 3,000달러의 크라이슬러 'Dodge Aries'를 벼룩시장에서 보고 직거래로 구입했다. 그 녀석은 미국 전역을 아프지 않고 잘도 달려주었다. 두 번째 미국 생활에서는 크라이슬러 콩코드를 무려 1만 달러 이상을 주고 중고차 딜러를 통해 구입했고 가장 호사를 누렸다.

초기 미국생활은 한국에서 일상적인 모든 일들을 벅찬 도전으로 바꾸어 놓았다. 매일이 시행착오(trials and errors)의 연속이었다. ATM에서 카드가 나오지 않아 긴 줄로 늘어선 사람들을 기다리게 했던 일, 음식점에서 수많은 종류의 소스 중 하나를 고르는 일, 병원에서 아픈 부위를 설명하는 일, 차가 고장 났을 때 상황 설명하기 등 모든 것이 벅찼다. 미용실에서 원하는 헤어스타일을 말할 때, 교회에서 성경이야기를 할 때, 심지어 과제도 헷갈려 여러 번 질문을 해야 했던 모든 순간들이 도전이었다. 가장 슬펐던 순간은 수업 중 모두가 웃던 농담에 나만 진지했을 때였다.

놀이터에서 우연히 만난 꼬마 아이와의 밤하늘 별자리 이야기도 어려웠다. 은행 업무를 볼 때나 보험 가입할 때도 그랬고, 자동판매기가 지폐를 먹었을(eat my money) 때에도 곤란함을 느꼈다. 금전적인 이슈로 서명을 할 때는 더더욱 긴장을 해야 했고, 전화벨이 울리고 통화를 해야 할 때는 진땀이 나기도 했다.

여러 경험들 중에서도 내 인생 가장 빛나는 시기는 앞의 대화에서처럼 대학원 과정에 있을 때였다. 원하던 분야의 공부를 할 수 있었고, 상황적으로 힘들었지만 열정과 의욕이 넘쳤다. 그때의 어려움을 견디어 냈기에, 지금은 교실에서 학생들과 많은 시간을 보낼 수 있어 감사하다. 그리고 지금 이 글을 쓰는 순간도 행복하다.

SECTION H

Health

건강

37. I Cut My Finger(손가락이 베었어요)
38. A Heavy Smoker(심한 흡연자)
39. Drink Like Fish(술고래)
40. A Phantom Vibration Syndrome(유령진동증후군)
41. Love Handle and Muffin Top(넘치는 허릿살, 튀어나온 뱃살)

37

I Cut My Finger
손가락이 베었어요

Dialogue

A What's wrong with your finger?

B I cut my finger on a piece of glass by mistake. You see a band-aid on it?

A Did you get first-aid treatment?

B Yes, I did.

A Good! Also, make sure you clean your hand.

B OK. I think I'm so clumsy. When I use a knife, I cut myself from time to time. By the way, why are you walking funny now?

A I sprained my ankle while exercising.

B You said you go to a fitness center to stay in shape. Did you see the doctor?

A Yep, I had X-rays taken. It still hurts.

B You should stay home and put some ice on your ankle.

A 너는 손가락이 왜 그러니?

B 요리 중 유리에 실수로 손가락을 베었어. 반창고 보이지?

A 응급처치는 했니?

B 응, 바로 했지.

A 잘했어. 또한 손도 깨끗하게 잘 유지해야 할 텐데.

B 그래야지. 난 왜 이렇게 서툰지 모르겠어. 칼을 사용할 때 한 번씩 이렇게 손을 베곤 해. 그런데, 너는 왜 이렇게 우스꽝스럽게 걸어?

A 운동하는 동안 발목을 삐어서 그래.

B 건강 유지한다고 헬스클럽 다닌다고 했잖아. 병원은 가봤니?

A 응, 병원에 가서 엑스레이도 찍었는데, 여전히 아프긴 해.

B 집에서 쉬면서 얼음찜질을 해야겠구나.

주요 어휘 및 표현

- by mistake: 우연히(=by accident, by chance, accidentally)
- cut my finger: 손가락을 베다
- on a piece of glass: 유리 한 조각에
- band-aid: 반창고(=bandage: 붕대, 반창고)
- get first-aid treatment: 응급처치를 하다
- sprain my ankle: 발목을 삐다
- from time to time: 한 번씩(=sometimes, now and then)
- fitness center: 헬스클럽
- stay in shape: 건강상태(몸매)를 유지하다
- see the doctor: 진찰받다. 종합병원(hospital) / 개인병원(clinic)
- have X-rays taken: 엑스레이 찍다
- put some ice on your ankle: 발목에 얼음찜질을 하다

재미있는 문화 이야기

'I cut my finger'라는 표현이 있다. 이는 '손가락을 잘랐다'는 뜻이 아니다. '손가락을 베었다'는 의미이다. 'I broke my leg'은 '다리가 부러졌다.' 'I sprained my ankle'은 '발목이 삐었다.' 'I hurt my back'은 '등을 다쳤다.'로 자연스럽게 쓴다.

그런데 'I cut my hair'는 어색하다. 보통 자기가 자신의 머리카락을 자를 수는 없다. 주로 살롱에서 '헤어 드레이서에게 머리를 자르도록 시킨다'는 의미로 사역동사를 써서 표현한다. 옳은 문장은 'I got my hair cut'이다. 그런데 'I got my finger cut'은 당황스러울 수 있다. 내가 누군가에게 내 손가락을 자르도록 시켰다는 의미다. 물론 영화 '아저씨'에서 원빈이 자기 헤어를 직접 자르는 장면이라든지, '타짜'에서 다시는 도박을 하지 않겠다는 각오로 나의 손가락을 누군가에게 자르도록 하는 장면에서는 'I got my finger cut'이 가능하다.

다음 표현을 보자. 'The door opens at 9:00 a.m.' '문은 9시에 열린다.'이다. 여기서 'is opened' 보다는 'opens'가 맞다. 이는 행위자보다는 영업 개장에 역점을 두었기 때문이다. 다음의 표현들은 수동의 의미이지만 능동으로 쓰인다.

'sells steadily'는 '꾸준히 팔리다'/ 'peels well'은 '껍질이 잘 벗겨지다'/ 'his life changes'는 '인생이 바뀌다'/ 'the knife cuts well'은 '칼이 잘 들다' 등이 있다. 이와 같은 성격의 수동태를 중간수동태(Medio-passive)라고 한다. 즉, 형태는 능동이지만 의미는 수동이다. 한국식 사고로 생각하면 수동을 쓸 확률이 높으므로 주의가 필요하다.

''d better'는 'had better'이며 '~하는 게 낫다'로 약간의 경고성을 담고 있다. 예를 들어, 숙제를 하지 않고 노는 아이에게 엄마가 "You'd better do your homework."라고 한다. 해도 그만, 안 해도 그만의 선택이 아닌 꼭 해야 하는 'should'와 비슷하며, 부정은 'not had better'가 아니고 'had better not'이다.

'stay in shape'은 '건강을 유지하다'는 의미이다. stay는 단순히 어떤 물리적인 공간에 머무는 의미뿐 아니라 폭넓게 쓰인다. 다음의 예들을 보자.

'stay warm'은 '따뜻하게 지내라' / 'stay foolish'는 '우직하게 밀고 나가라' / 'stay hungry'는 '늘 갈구하라' / 'stay healthy(well)'는 '건강해라' / 'stay dry'는 '건조한 상태를 유지해라(뽀송한 상태를 유지해라)' / 'stay calm'은 '진정하라' / 'stay cool'은 '침착하라' / 'stay alert'는 '방심하지 마라' / 'stay awake'은 '깨어 있어라, 정신 차리고 있어라'

38

A Heavy Smoker

심한 흡연자

Dialogue

A Are you OK? You look sick.

B I'm feeling a little light-headed under the sunshine.

A Are you still a heavy smoker?

B I smoke half a pack a day.

A You should cut down on smoking!

B I think I should. When I talk to my clients, I always smoke.

A Hum, I think you smoke when you feel nervous. Why don't you vape?

B It can be a good alternative. I'm afraid I'm going through withdrawal symptoms and...

A I can imagine. I'm a heavy coffee drinker so I have a sour stomach.

B Oh! Coffee triggers your heartburn.

A Yeah. But I can't stop it.

B Coffee keeps me awake so I prefer decaffeinated coffee.

A You're addicted to smoking and I'm a coffeeholic.

A 너 괜찮아? 아파 보이는데.

B 햇볕 받으니 살짝 어지러워.

A 너 여전히 담배 많이 피우니?

B 하루에 반 갑 정도 피우는 편이야.

A 담배를 줄이는 게 좋겠어.

B 나도 그래야 할 것 같아. 꼭 고객과 얘기할 때 항상 흡연을 하거든.

A 흠, 네가 긴장할 때 담배를 피우는 것 같은데. 전자담배는 어때?

B 그거 좋은 대안이 될 수 있겠네. 그런데 아무래도 금단현상을 겪을까 걱정도 되고.

A 이해가 되네. 나도 커피를 너무 많이 마셔서 속이 안 좋아.

B 그래, 커피 마시면 속이 쓰리지.

A 응! 근데 포기할 수가 없어!

B 커피 마시면 잠을 못자서 나는 디카페인으로 마셔.

A 너는 담배중독이고, 나는 커피중독인 거네.

주요 어휘 및 표현

- a little light-headed: 살짝 어지러운
- a heavy smoker: 골초
- half a pack a day: 하루에 반 갑
- cut down on smoking: 담배를 줄이다(=reduce smoking)
- vape: 전자담배 피우다
- good alternatives: 좋은 대안
- I'm afraid: 아무래도 ~할 것 같아 염려되다
- go through: 경험하다(=experience)
- withdrawal symptoms: 금단증상
- sour stomach: 속이 쓰린
- trigger your heartburn: 속 쓰림을 유발하다
- coffee keeps me awake: 커피가 잠을 못자게 하다
- decaffeinated: 디카페인의, 카페인을 제거한(=decaf coffee)
- be addicted to~: ~에 중독되다

재미있는 문화 이야기

미국생활을 처음 시작할 때 캠퍼스 한복판에서 담배를 피우며 걸어오는 미국 여대생을 보며 문화충격을 겪었던 기억이 있다. 지금 한국도 캠퍼스뿐만 아니라 공공장소에서도 남녀 흡연을 흔히 볼 수 있다. 성차별의 개념이 아니라, 보편화된 흡연으로 인한 건강의 피해가 우려된다. 대화는 애연가인 친구에게 전자담배를 권하는 상황이다. 그러나 실제로 미국에서는 전자담배의 부작용으로 'No Vaping Campaign!'이 곳곳에서 일어나고 있다. 애연가인 친구나 커피중독인 나 역시 뭔가에 집착하는 건 같은 상황이기도 하다.

'vape'의 유래를 보자. 원래는 수증기 'vapor'와 증발하다 'vaporize'의 합성어이다. 즉, 전자담배에서 나온 증기를 마셔 '증발시킨다'는 의미이다. 즉 'vape'는 '전자담배를 피다'는 동사이다. 위 대화의 내 친구는 'heavy smoker'이고, 나는 'heavy coffee drinker'이며 각각 'addicted to smoking, addicted to coffee'로도 말할 수 있다.

'withdraw'가 '철수하다, 빼내다'의 의미를 가지고 있으므로 명사형인 'withdrawal'은 괴로움을 주는 무언가로부터 자신을 빼내오는 것, 즉, '금단'의 의미가 있다. 또한 'withdraw'는 '돈을 인출하다'라는 의미도 있으니 잘 알아두자.

'sick'은 주로 가볍게 아플 때 쓰는 반면, 'ill'은 좀 더 중한 질병을 뜻한다. 아파서 병가를 낼 때는 'sick leave'라고 한다. 'morning sickness'라는 재미있는 표현이 있다. '입덧'이란 뜻인데, 임신을 하게 되면 주로 아침 공복상태에서 메스꺼움을 많이 느끼게 되어 나온 표현이다. 'motion sickness'는 '움직이면 아프다'는 의미로 멀미이다. 차멀미는 'carsick', 비행기 멀미는 'airsick'이다. 기차 멀미는 'trainsick', 배 멀미는 'seasick'이다. 타지에서 고향을 그리워하는 향수병은 'homesick'이며, 상사병은 사랑앓이로 'love sickness'이라고 한다.

통상적으로 'I'm afraid'로 시작되면 마음의 준비를 하는 편이다. 대부분 듣는 이에게 원치 않는 말이나 부정적, 유감스러운 내용이 나오기 전에 쓰이기 때문이다. 즉, 죄송하고 유감스러운 마음으로 상대방에게 이해를 구하는 뉘앙스가 풍긴다. 예를 들어, "I'm afraid I've got to go."는 "아무래도 가야겠어."로 상대가 더 있길 원하지만 본인이 가야할 때 쓴다. 'I'm afraid I've got some bad news.'는 상대가 들어서 좋지 않은 소식을 전할 때 쓰인다.

39 Drink Like Fish

술고래

Dialogue

A Hey, I got five missed calls from you last night. What happened?

B Did I? Oh! I don't remember at all. I got totally blacked out.

A You drank like a fish again.

B Ha ha, like a fish? A fish drinks constantly to breathe?

A Yes, they drink constantly and habitually. And swimming like a mermaid?

B I just drank two bottles of wine last night.

A Are you all right? You're not in your twenties any more.

B I need to get rid of hangover.

A I don't want to see you at the funeral.

B Pu ha ha! Thanks for your concern!

A 친구! 어젯밤 전화를 다섯 통이나 했던데, 무슨 일이니?

B 내가 전화했다고? 전혀 기억이 안나. 완전 필름이 끊겼나봐.

A 또 술고래처럼 마셨구나.

B 하하! 물고기처럼? 물고기는 숨쉬기 위해 계속 마셔야 하잖아.

A 응. 물고기처럼 꾸준히 습관적으로 마시고 인어처럼 수영하면 되겠지 뭐.

B 어젯밤은 와인 딱 두 병이라니깐!

A 괜찮은 거야? 너는 더 이상 20대가 아니야!

B 해장이나 하러 가야 할 것 같아.

A 장례식에서 너를 보고 싶지는 않다고.

B 푸하하! 염려해 줘서 고마워!

주요 어휘 및 표현

- missed calls: 부재중 전화(wanted man:지명수배자, unwanted calls: 원치 않는 전화)
- totally black out: 완전히 필름 끊기다('정전되다'의 뜻도 있음)
- drink like a fish: 술고래(=drink very heavily)
- constantly: 끊임없이 / habitually 습관적으로
- swim like a mermaid: 인어처럼 수영하다
- in one's twenties: 이십대에
- get rid of: 제거하다, 사람을 죽이다
- hangover: 숙취('매달아 늘어지다'로 만취로 술이 깨지 않아 늘어져 있는 상태)
- at the funeral: 장례식장에서
- thanks for your concern: 염려해 줘서 고마워

재미있는 문화 이야기

'drink like a fish'는 '물고기가 물을 마시듯 술을 많이 마신다'는 의미이다. 주로 '인어처럼 수영한다'는 영어 표현인 'swim like a mermaid'란 표현과 함께 쓰인다.

한국의 애주가들에게는 미국은 낙원이 아니다. 미국인들은 주로 주말에 잔디를 깎거나 집안일을 살피고, 평일은 'nine to five'로 퇴근 후 보통 가족과 시간을 보낸다. 'nine to five job'이란, 9시 출근 5시 퇴근을 말하며 주로 회화에서 쓰인다. 음주문화도 사뭇 다르다. 미국은 강제로 술을 먹이거나 억지로 권하지 않는다. 회식은 주로 가볍게 마시며 이야기를 즐기는 편이다.

미국 대부분의 주에서는 미성년자(under age)의 음주에 특히 엄격하다. 만 21세 미만의 청소년에게 술을 판 업소는 벌금과 함께 영업이 정지된다. 미국에서 미성년자에게 엄격한 다른 하나는 영화관이다. 영화관 개봉영화의 상영등급은 미성년자를 기준으로 구분을 하는데 17세가 기준이다. 모든 연령층의 관람이 가능한 G에서 17세 미만은 관람 불가인 NC-17까지 총 5등급으로 분류되어 있다.

- G-General Audiences(All Ages Admitted): 모든 관객(모든 연령층 적합)
- PG-Parental Guidance Suggested(Some Material May Not Be Suitable For Children): 보호자의 지도 필요(일부 소재가 어린이에게 적절하지 않을 수 있다.)
- PG-13-Parents Strongly Cautioned(Some Material May Be Inappropriate For Children Under 13): 부모의 엄격한 지도 필요(PG에 속하나 13세 미만 어린이들에게 엄격한 주의와 지도가 요구되는 영화)
- R-Restricted(Under 17 Requires Accompanying Parent Or Adult Guardian): 제한(17세 미만은 부모나 성인보호자 동반 요망)
- NC-17-No One 17 And Under Admitted(17세 이하 관람 불가이다.)

예로, 미국에서 딸과 '헝거게임'(The Hungers Games)을 봤는데, 이 영화는 PG-13등급이었다. 즉, '13세 미만 부모 동행 시 관람이 가능하다'는 뜻이다. 마지막 등급인 NC-17은 선정적이며, '부모가 동반하더라도 17세 미만은 관람할 수 없다'는 뜻이다.

'in one's twenties'는 '20대에'이다. 나이 대를 표현하는 법을 보자. 우선 전치사 'in'을 쓰며 소유격을 쓰고 마지막으로 숫자의 복수형을 쓰면 된다. 'I'm in my twenties'는 '나는 이십대이다'가 된다. 더 구체적으로 표현하고 싶을 때는, 소유격 다음에 'early, middle(mid), late'를 넣으면 각각 초반, 중반, 후반이 된다. 'My grandfather is in his late eighties.' 하면 '나의 할아버지는 80대 후반이다'라는 표현이 된다.

40 A Phantom Vibration Syndrome

유령진동증후군

Dialogue

A Do you have pain in your back or neck muscles?

B Yes, I do.

A What about your eyes? Are your eyes dry and easily tired?

B Yes, I actually worry about my poor eyesight.

A Hum, your problem is related to mobile phone addiction.

B I think so. I sometimes feel that my cell phone is ringing when it actually is not.

A Hum, it's almost a bit of obsession. This is a kind of phantom vibration syndrome. Avoid using digital devices for a while.

A 등이나 목 근육이 아픈가요?

B 네, 그렇습니다.

A 눈은 어때요? 눈이 건조하고 쉽게 피곤해지나요?

B 네, 사실 시력이 나빠서 걱정됩니다.

A 음, 폰 중독과 관련된 것 같네요.

B 그런 것 같아요. 실제로 벨이 울리거나 진동이 아닌데도, 울리는 것처럼 가끔 느껴질 때가 있어요.

A 음, 거의 일종의 강박증상이 있네요. 이것은 유령진동증후군의 일종입니다. 당분간 디지털기기 사용을 피하는 것이 좋을 것 같습니다.

주요 어휘 및 표현

- back or neck muscles: 등이나 목 근육
- dry eyes: 눈 건조
- poor eyesight: 나쁜 시력
- is related to: ~에 연관되다(=have something to do with~)
- mobile phone addiction: 핸드폰 중독(computer addiction: 컴퓨터 중독 / love addiction 사랑중독)
- phone vibration: 전화벨 진동
- almost a bit of obsession: 거의 일종의 강박증
- a kind of phantom vibration syndrome: 일종의 유령진동증후군
- avoid using digital devices: 디지털기기 사용을 피하다(avoid는 동명사를 목적어로 취한다.)

재미있는 문화 이야기

한국어에서 신체부위 뒤에 '~통'을 붙여 두통, 근육통, 복통, 치통 등으로 아픔을 표현하듯이, 영어도 '~ache'를 붙이면 부위별 통증을 뜻한다. 'stomachache'와 'bellyache'는 둘 다 '복통'을 뜻한다. 구체적으로는 전자는 '위통'이라면, 후자는 말 그대로 '복통'이다. 여성들이 겪는 '생리통'은 'cramps'라고 한다. 이는 쥐(경련)를 뜻하는데 확장되어 '생리통'의 의미도 된다. 'I got cramps in my leg.'은 '다리에 경련이 났다'이다. 'I'm on my period.'는 '생리 중'이란 뜻으로, 전치사 'on'은 '~하는 중'의 의미이다. 예로 'on holiday'는 '휴가 중' / 'on maternity leave'는 '출산휴가 중'이다.

'obsession'은 명사로 '강박증, 집착'을 뜻하고, 동사는 'obsess'로 '어떤 생각이 사람의 마음을 사로잡다, 어떤 생각에 집착하다'는 의미로 명사와 같은 부정적 의미만을 갖는 것은 아니다. "You deserve someone who is obsessed with you."는 직역하자면 "넌 너에게 매료된 누군가가 있을만해."라는 뜻으로 굉장히 매력적인 사람을 칭찬하는 표현이다.

'phantom vibration syndrome'이라는 신조어가 있다. 이는 유령진동증후군으로 실제로, 전화나 문자가 오지 않았는데 벨소리가 들리거나 진동을 느낀 것 같이 착각하는 현상을 말한다. 'phantom'는 '유령, 환상, 환영'이란 뜻이다. 수업 중 'phantom'과 비슷한 의미의 'ghost'라는 단어를 떠올린 학생이 'ghost vibration syndrome'이라고 말해 웃었던 기억이 있는데, 유감스럽게도 이 말은 쓰이지 않는다.

앞의 대화는 폰 중독자들에게 쉽게 와 닿을 것이다. 나 역시 작은 소리에도 폰을 의식하게 되고, 수신을 놓칠까 불안함에 내 신체의 일부처럼 지니고 다닌다. 하루라도 폰을 두고 외출하는 것은 상상하기 어렵다. 나름의 폰 중독에서 벗어나고자 정해진 시간동안 '무음모드'로 설정하고 멀리 두려고도 한다. 호모 사피엔스를 차용해 포노 사피엔스라는 신조어가 등장했다. 이는 스마트폰(smartphone)과 호모 사피엔스(homo sapiens: 인류)의 합성어로, '휴대폰을 신체의 일부처럼 사용하는 새로운 세대'를 뜻한다. 스마트폰은 지식의 창고이자 소통의 수단이기도 하지만, 가끔은 사람의 눈을 바라보며 지혜를 나눠보는 건 어떨까 하는 생각이다.

41 Love Handle and Muffin Top

넘치는 허릿살, 튀어나온 뱃살

Dialogue

A The doctor said I'm extremely obese. See my love handle and muffin top?

B No kidding! I thought you lost some weight after you came back to Korea.

A I actually did. Now I am suffering from a diet problem called the yo-yo effect.

B You need to control the food you eat. Also, you have to exercise on the regular basis. Otherwise, A diet problem can have serious effects on your physical, metabolic and psychological health.

A I hope it doesn't become a chronic disease. I'll just drink some water.

B I'm on a diet, too. Almost starve to death now. A diet seems to be harder than writing a research paper.

A Yes, dieting is one of the hardest jobs in the world. It's a life-long task.

A 의사가 고도비만이래. 허릿살과 볼록 튀어나온 배 보이니?

B 장난 아니네! 귀국 후 살이 좀 빠진 줄 알았는데.

A 정말 그랬는데. 요요현상 때문에 요즘 심각한 건강문제를 겪고 있어.

B 먹는 걸 조절할 필요가 있겠구나. 운동도 규칙적으로 해야 해. 그렇지 않으면 육체적, 신진대사면, 그리고 정신적으로 심각한 영향을 미치게 될 거야.

A 만성질병으로 가지 않아야 할 텐데. 물만 먹어야겠어.

B 나도 다이어트 중이야. 지금 배고파 죽을 지경이야. 연구논문 쓰는 것보다 더 어려운 것 같아.

A 맞아. 다이어트는 세상에서 제일 어려운 일 중 하나야. 평생의 과제이지.

주요 어휘 및 표현

- extremely obese: 고도비만의(obesity: 비만)
- love handle: 허릿살(아랫배의 군살)
- muffin top: 볼록 튀어나온 배(허리 부분에 둥그렇게 비어져 나오는 살덩어리)
- lose weight: 살빠지다(gain weight: 살찌다)
- suffer from a diet problem: 식이요법에 문제를 겪다
- control the food you eat: 섭취하는 음식을 자제하다, 제어하다
- called yo-yo effect: 요요현상이라고 불리는
- on the regular basis: 규칙적으로
- otherwise: 그렇지 않으면
- have serious effects on: ~에 심각한 영향을 미치다
- physical: 신체적인
- metabolic: 신진대사의
- psychological: 정신적인
- chronic disease: 만성질병
- on a diet: 다이어트 중
- starve to death: 굶어죽다(=die from hunger)
- a life-long task: 평생의 과제

재미있는 문화 이야기

미국에서 본 미국인들의 비만은 상상 이상이었다. 딸이 10대였을 때 만난 미국 친구들은 날씬했지만, 성인이 되었을 때는 그 전과 달라져 있는 경우도 많았다. 대형 사이즈 음식이 즐비한 슈퍼마켓을 둘러보면, 미국인들의 식단이 과히 염려스러웠다. 맥도널드에서 M과 L사이즈 콜라의 가격이 큰 차이가 없었고, 마트에서 도넛 12개의 가격이 샐러드나 채소 가격보다 더 저렴했다. 미국 정부의 건강식 권장 정책이 필요하지 않을까 느끼곤 했다.

미국에서 'extremely obese', 즉, 고도비만인 사람을 흔히 볼 수 있었다. 여기서 고도비만은 표준체중의 50%를 넘는 비만으로 대중교통 이용 시 두 사람의 공간을 차지하는 정도를 말한다. 비만은 fat으로 설명된다. 비만이기보다는 토실토실하게 살찐 정도를 표현할 때는 'chubby'나 'pudgy'라고 한다. 복부비만을 언급하는 재미있는 표현들이 있다. 예를 들어, 'love handle'은 허리부분에 잡히는 군살을 사랑스럽게 지칭한다. 또한 머핀의 윗부분처럼 배가 볼록 튀어나와 'muffin top'이라는 표현도 있다. 비만의 또 다른 표현은 과체중이 있다. 'overweight'이며, 반대로 저체중은 'underweight'이다. 다이어트 중은 'I'm on a diet'이다. 많이 먹는 사람은 'heavy-eater'이며, 소식하는 사람은 'light-eater'라고 한다. 소식하는 사람으로 새처럼 먹는다고 해서 'eat like a bird'라는 표현도 있다.

'psychological'은 '정신적인, 심리적인' 뜻으로 'mental, emotional'과 유사하다. '심리테스트'는 'psychological test', '심리적 안정'은 'psychological stability'이다. 'psycho'(싸이코)는 '정신이상자'를 뜻하며, 어떠한 원한 관계없이 반사회적 일탈 행위를 하는 '인격장애를 앓는 이들'은 'psychopath'(사이코패스)라고 한다.

'chronic disease'는 '만성질병'이며, 'chronic alcoholic'은 '만성알코올 중독자', 'chronic indigestion'은 '만성소화불량', 그리고 'chronic constipation'은 '만성변비'이다.

'almost starve to death'는 '거의 굶어 죽을 것 같다'이며 'almost die from hunger'와 같다. 'death'를 포함한 다양한 표현들을 보자. 'be frozen to death'는 '얼어 죽다', 'be bled to death'는 '피 흘리며 죽다', 'be burnt to death'는 '타 죽다' 등이 있다. 모두 수동형인 이유는 나의 의지가 아닌, 다른 요인에 의해 죽임을 당한다는 개념에 가깝기 때문이다. 수동과 능동 개념에 대한 이해는 영어와 좀 더 친해지는데 도움이 될 것이다.

SECTION I

Entertainment

오락과 연예

42

Pop Music
대중음악

Dialogue

A What do you usually do when you have some free time?

B I listen to Rock'n Roll. Do you like it?

A Me? Not really. I'm not into all that noise. I love Rhythm and Blues. Michael Jackson is a legendary figure in the music world. He was crazy about R&B music.

B Oh! when it comes to R&B music, I sort of like it. It was originally made by and for African Americans.

A That's right. This African-American music focuses on themes like sex and freedom.

B But young white people also really love these music styles, too.

A I know. They're keen on a strong beat and jazz. I like Mariah Carey.

B Oh! You do? I love 'Billie Jean' by Michael Jackson. Whenever I think about it, I get excited.

A I love 'Without you' by Mariah Carey.

B I can't imagine a life without music. Soothing music has power to heal wounds of the mind and relieve stress.

A I can't agree with you more.

A 너는 시간 있을 때 뭐하니?

B Rock & Roll 음악을 듣는 편이야. 넌 그거 좋아해?

A 난 Rock & Roll은 그렇게 좋아하지 않아. 시끄러운 소리를 안 좋아하거든. 대신 R&B 음악을 좋아해. 마이클 잭슨은 이 음악세계에서 전설적인 인물이지. R&B에 대한 그의 사랑은 엄청나.

B R&B에 관해 말하자면, 나도 좋아하는 편이야. 원래 미국 흑인들에 의해, 미국 흑인들을 위해 만들어진 음악이지.

A 그렇지. 이 미국 흑인음악은 섹스와 자유 같은 주제에 초점을 둔 음악 장르야.

B 그렇긴 한데 백인 젊은 층도 이런 음악을 무척 좋아하기도 해.

A 맞아. 그들은 강한 비트와 재즈풍에 열광하기도 해. 나는 머라이어 캐리를 좋아해.

B 아, 그렇구나. 나는 마이클 잭슨의 '빌리진'을 너무 좋아해. 생각만 해도 신날 지경이야.

A 나는 머라이어 캐리의 'Without you'을 좋아해.

B 음악 없는 삶은 상상할 수가 없어. 편안한 음악은 내 마음의 상처를 치유하는 힘이 있고 스트레스를 완화시키지.

A 100% 공감이야.

주요 어휘 및 표현

- not really: 꼭 그런 건 아냐
- I'm not into all that noise: '모든 그런 소음에 빠지지 않다'로 좋아하지 않다
- Rhythm and Blues: 리듬 앤드 블루스(미국 흑인의 대중적 블루스 음악)
- legendary figure: 전설적인 인물
- when it comes to: ~관해 말하자면
- sort of like it: 좋아하는 편(=kind of like it)
- be originally made by~: 원래 ~에 의해 만들어지다
- for African Americans: 미국 흑인들을 위해
- focus on themes like: ~와 같은 주제에 초점을 맞추다
- be keen on~: ~을 열망하다, ~을 아주 좋아하다, ~에 관심이 많다
- soothing music: 마음을 안정시키는 음악
- relieve stress: 스트레스를 없애다, 완화시키다
- heal wounds of the mind: 마음의 상처를 낫게 하다
- I can't agree with you more: '더 이상 동의할 수 없다'로 100% 공감하다

재미있는 문화 이야기

'sort of like'는 '좋아하는 편'이라는 뜻이다. 화자의 강한 표현은 청자 입장에게는 불편함을 줄 수 있다. 'kind of(sort of)'는 대화를 한층 부드럽게 완화하는 역할을 해 준다. 한국말로 표현하자면 '~편' 또는 '뭐랄까'로 해석한다. 날씨를 물을 때 'kind(sort) of hot'은 '더운 편', 'sort of cold'는 '추운 편'이다. 'kind of handsome' 하면 '잘생긴 편'이다. 'sort of hungry'는 '출출한 것 같다'는 의미다. 'kind of crazy'는 '미친것 같다'는 뜻이며 이는 실제 미쳤다기보다 농담처럼 쓰인다.

'Rock and Roll'은 강한 비트와 단순한 곡조로 이루어진 미국 대중음악의 한 장르이다. R&B 즉, 'Rhythm and Blues'는 요즘도 흔히 접할 수 있는 블루스와 재즈음악의 한 장르이다. 이는 1940년대 흑인들 사이에서 시작되어 50년대에 펑크뮤직과 락앤롤로 이어졌다. 나는 마이클 잭슨의 'Billie Jean'에 흠뻑 빠진 적이 있었고 들을수록 명곡이란 생각이 든다. 머라이어 캐리의 'Without you'도 나에게는 명곡이다.

'be into'는 직역하면 '~안으로 깊숙이 들어가 있다'는 의미로, 의역하면 '~에 취미와 관심이 있다' 또는 '~에 푹 빠져 있다'이다. 'I'm into this kind of music'은 '이런 종류의 음악에 푹 빠져 있다'이며 'I'm not into fashion'은 '나는 패션에 관심이 없다'는 뜻이다. 즉, 'be interested'보다 좀 더 폭넓게 사용된다.

'be keen on~'은 '~에 열망하다', '~에 열정적이다'로 쓰인다. 몇 가지 예문을 보자. 'I'm keen on sports'는 '나는 운동을 열심히 한다', 'She is keen on making money'는 '그녀는 돈 모으기에 골몰한다', 'You are keen on studying abroad'는 '너는 외국유학 생각이 간절하다.'

43

James Dean

영화배우, 제임스 딘

Dialogue

A When I was in Indiana, there was a small town called Fairmount. It was well known as a popular movie star, James Dean's hometown. He was born, raised and educated there.

B Wow, James Dean, the legendary actor in the world?

A Uh-huh! His attractive eyes almost kill me.

B Have you watched any films starring James Dean?

A I rented three movie videos, 'Giant', 'East of Eden' and 'Rebel Without a Cause' from Muncie Public Library and watched them one after another.

B I think they would be worth your time. I'm sorry to hear that he died in a car accident in his early twenties.

A You can say that again.

A Indiana에 있을 때 페어마운트라 불리는 한 작은 마을이 있었어. 유명한 영화배우 제임스 딘의 고향으로 잘 알려진 곳이야. 그는 거기에서 태어나고 자라고 교육받았어.

B 우와! 세계적으로 전설적인 배우 제임스 딘 말이니?

A 응. 그의 매력적인 눈빛은 완전 치명적이야.

B 그가 주연한 영화를 본 적이 있니?

A '자이언트', '에덴의 동쪽'과 '이유 없는 반항'을 먼시 공립도서관에서 빌려 차례로 다 봤어.

B 시간을 들여 볼 가치가 있다는 생각이야. 제임스 딘이 이십대 초반에 차사고로 죽어서 유감이야.

A 그러니깐.

주요 어휘 및 표현

- be well known as~: ~로 잘 알려지다
- legendary actor: 전설적인 배우
- almost kill me: 거의 나를 죽일 지경으로 치명적으로 멋있다
- films starring James Dean: 제임스 딘을 주연으로 하는 영화들(starring role: 주역)
- one after another: 하나 그 뒤에 또 하나, 잇따라서, 차례로
- 'Giant': 자이언트 / 'East of Eden': 에덴의 동쪽 / 'Rebel Without a Cause': 이유 없는 반항
- worth your time: 시간을 들일 가치가 있는
- in his early twenties: 그가 20대 초반에

재미있는 문화 이야기

내 거주지에서 차로 15~20분 정도 떨어진 곳에 한적한 소도시 페어마운트(Fairmount)가 있었다. 거주민이 3,000명도 되지 않는 전형적인 작은 시골 마을이지만, 영화배우인 '제임스 딘'이 태어난 곳으로 유명하다. 그가 유년 시절을 보내고 스물넷의 나이에 자동차 사고로 요절한 뒤 묻힌 곳이기도 하다. 그의 인생여정은 짧았으나, 그의 우수에 젖은 표정과 반항적인 눈빛이 청춘의 상징으로 기억된다.

페어마운트를 방문한 후 나는 다운타운 쪽에 위치한 공립도서관에서 그가 출연한 작품을 빌려 왔다. '자이언트'(Giant), '에덴의 동쪽'(East of Eden), 그리고 '이유 없는 반항'(Rebel Without a Cause)을 단숨에 보며 그에게 빠졌다. 영화에 심취될수록 그의 영화에 대한 열정이 느껴졌으며 사람들이 왜 그에게 매료되는지 이해가 되었다. 로스앤젤레스에서 20여 분을 차로 달리면 할리우드가 나온다. 우선 할리우드 글자판이 제일 먼저 눈에 띈다. 이곳에서 영화가 제작되고 스타들이 탄생된다고 생각하니, 마치 스타들과 함께 있는 기분이 들었다. 특히, 할리우드 명예의 거리에는 유명배우들을 기리는 2,500여 개의 별들이 있다. 제임스 딘은 그의 본명인 '제임스 바이런 딘'(James Byron Dean)으로 1960년 2월에 그 별들 중 하나로 새겨졌다.

'be well known as~'는 '~한 자격, 신분으로 알려지다'는 의미이다. 예로, 'She is known as an attractive actress'는 '그녀는 매력적인 여배우로 알려져 있다.' 'be known for'는 '~한 이유로 유명하다'는 뜻이다. 같은 의미로 'be famous for'가 있다. 예로, 'She is known for her beauty'는 '그녀는 예쁜 것으로 유명하다.' 'be known to'는 '~에게 알려지다'이다. 예로, 'She is known to the world'는 '그녀는 세계에 알려져 있다.' 마지막으로, 'be known by'는 '~수단이나 판단에 의해 알려지다'이다. 예로, 'A man is known by his friend'는 '남자는 친구로 알 수 있다'는 뜻이다.

'kill'은 위 대화에서 치명적인 성적 매력을 부각시키기 위해 쓰였다. 점잖은 표현은 아니므로 조심해야 한다. 'kill myself'는 '자살하다'의 의미이며, 'kill the rumor'는 '소문을 불식시키다'의 의미로 쓰인다. 'killing two birds with one stone'는 '일석이조'로 우리말과 뜻이 같다.

44 Inner Child by BTS

BTS의 내면의 아이

Dialogue

A People call me a 'busybody'

B Ha ha! A busybody? What keeps you so busy?

A As you know, I am teaching at four colleges and meet so many people. But I still feel lonely. Don't know why.

B Hum! Normally meeting people calms you down. Some people bother their boyfriend or girlfriend, go shopping, read books or eat delicious food, but others are addicted to mobile games for mental stability. At this point, we need to think about the term of 'Inner Child'.

A Wow! I love talking about this topic. I'm interested in reflecting on my own childhood. I wonder if I was safe both physically and mentally in my early years. I think my inner child plays a significant role in my current relationship with people. What's your way of maintaining a life balance?

B When I am alone, I try to get in touch with my inner child. I ask myself many questions, such as if I feel safe, if I feel a sense of belonging in my group and so on. I think this is an extremely important job for emotional balance.

A That makes sense. I love the song 'Inner Child' by BTS, especially, the lyrics of the song.

B What is the story about?

A It's about a story of a boy. It tells us about his past when he went through hardships. It contains a promise to his past self that he will change himself whether it is good or bad.

B Hum! Sounds like this song gives some messages to all of us.

A 사람들이 나보고 오지랖이 넓다고 해.

B 하하! 오지랖이 넓다고? 너는 뭐가 그리 바쁜 거야?

A 알다시피 네 곳의 대학을 나가고, 많은 사람을 만나는 편이잖아. 그런데도 여전히 외로워. 이유를 모르겠어.

B 흠! 통상적으로 사람들을 만나는 건 너를 안정시키기도 하지. 어떤 사람은 자신의 정서적 안정을 위해 남친이나 여친을 귀찮게 하기도 하고, 쇼핑도 하고 책을 보거나 맛난 음식을 먹기도 해. 또 누군가는 핸드폰 게임에 중독이 되기도 하지. 이쯤에서 우리는 내적 자아라는 표현을 한 번 짚어볼 필요가 있어.

A 우와! 이런 주제에 대해 나누는 거 좋아. 나 자신의 어린 시절을 돌아보는 것에 대해 관심이 있어. 유년시절에 육체적으로나 정신적으로 안정적이었는지 의문일 때가 있거든. 나의 내적 자아는 현재 사람들과의 관계에 매우 중요한 역할을 한다고 생각해. 네가 네 삶의 균형을 유지하는 방법은 무엇이니?

B 나는 혼자 있을 때 내 내적 자아와 접하려고 해. 나 자신에게 내가 지금 안정되어 있는지, 몸담고 있는 그룹에 소속감은 있는지 등에 대해 물어보기도 해. 이런 것은 정서적 안정을 위해 아주 중요한 일이라고 생각해.

A 충분히 이해가 될 것 같아. BTS가 부른 'Inner Child'라는 노래를 좋아하는데, 특히 가사를 좋아해.

B 무슨 내용이지?

A 한 소년의 이야기인데. 역경을 경험했던 과거에 관한 이야기를 해줘. 이 노래는 자신의 과거가 좋든 나쁘든 자신을 바꿔나가겠다는 과거 자신과의 약속을 담고 있어.

B 음! 우리 모두에게 어떤 메시지를 주는 것 같네.

주요 어휘 및 표현

- busybody: 오지랖 넓은 사람(참견하기 좋아하는 사람, 주제넘게 나서는 사람)
- what keeps you busy?: 무엇이 너를 바쁘게 하니? 왜 바쁘니?
- calm you down: 당신(여기서는 나 자신)을 안정시키다
- be addicted to: ~에 중독되다
- at this point: 이 시점에서, 이 순간, 이때, 여기서
- mental stability: 정신적 안정
- figure out the term of 'Inner Child': 내면의 아이라는 용어를 이해하다
- reflect on my own childhood: 내 어린 시절을 회상하다
- play a significant role: 중요한 역할을 하다
- way of maintaining the life balance: 삶의 균형을 유지하는 방법
- a sense of belonging: 소속감
- make sense: 상식이 통하다
- lyrics of the song: 노래가사(lyric: 서정시, 가사)
- when he went through hardships: 과거 그가 역경을 경험했을 때

재미있는 문화 이야기

'내면의 아이'라는 표현을 접하게 되면서 비로소 나는 심리학에 관심을 갖게 되었다. 이론에 따르면, 모든 인간의 정신세계에는 독립된 인격체의 아이가 내재되어 있다고 한다. 그 '내면의 아이'(inner child)는 시간과 환경이 변해도 지속적으로 생각과 판단에 영향을 미친다. 그만큼 어린 시절의 기억은 개인의 정서에 중요한 역할을 한다. 언젠가 여러 전문직종 여성들이 각자 내면의 아이로 인해 힘든 시간을 겪었던 이야기와 인생 경험에 대해 쓴 책을 읽은 적이 있다. 책을 덮고 나를 돌아보았다. 나는 주변을 돌아볼 사이도 없이 내 세계에만 몰두하여 혹독하게 나를 대했다. 그렇게 함으로써 애써 내 안에 있는 내면의 아이를 외면하려 했다. 하지만 용기를 내어 내 안의 나를 만나면서 조금씩 몰랐던 나의 상처를 보듬게 되었다. 가만히 눈을 감고 마음의 소리를 경청하며 온전히 나에게 집중했던 시간은 감정적인 상처를 치유하고 나 자신의 정체성을 다져줄 수 있는 소중한 기반이 되었다.

BTS의 'Inner Child'는 과거의 힘들었던 내면의 자아와 현재의 자아가 대화를 나누는 내용이다. 그 대화를 음미해 보면, 현재의 자아는 과거 자아의 어떠한 모습도 있는 그대로 받아들이며 내면의 상처를 치유하고자 하는 의지를 보여준다. BTS 음악은 그렇게 마음을 치유해 주고 삶의 또 다른 동기부여를 심어준다. 이것이 전 세계인들이 그들의 음악에 매료되고 그들이 사랑받는 이유인 듯하다. 얼마 전 남아프리카공화국 출신의 친구를 알게 되었는데, 내게 하는 첫 번째 질문이 BTS 소식이었다. 아랍국가는 종교적인 이유로 여성들의 노출을 금기시하지만, BTS 공연 당일의 하루는 의복에서 자유로운 시간을 허용했다고 한다. 친구의 딸이 있던 영국 학교에는 BTS 캐릭터가 붙은 가방을 들고 다니는 학생을 쉽게 찾을 수 있고, 그들의 공연을 보기 위해 출국을 감내하는 일도 놀랍지 않게 볼 수 있다고 말했다.

45 Oprah Winfrey, A Talk Show Host
방송인, 오프라 윈프리

Dialogue

A Oprah Winfrey reminds me of one of my Afro-American friends who is living in California now. Oprah and my friend have many things in common.

B What do you mean?

A I respect both of them. They have gone through the ups and downs of life and they have made it through. Now they're leading successful lives.

B I think you often tell your students their stories in class, don't you?

A You bet. One famous saying Winfrey left occurs to me.

B What is it?

A She says, "The first duty of love is to listen." She's ready to listen to what others are saying from the bottom of her heart.

B Wow! What else do you remember among what she said?

A Hum! Oh, I come up with one more thing. She said, "Age is no guarantee of maturity."

B This means that we need to show more generosity and forgiveness with time, right?

A You can say that again.

A 오프라 윈프리를 보면, 현재 캘리포니아에 있는 내 흑인 미국친구 중 한 명이 생각나. 두 여성의 삶은 공통점이 많아.

B 무슨 뜻이야?

A 나는 두 사람을 다 존경해. 그들은 많은 역경을 견디고 현명하게 극복했어. 지금은 성공적인 삶을 살고 있지.

B 네가 수업시간에 학생들에게 그들의 이야기를 많이 얘기 할 것 같아, 그렇지 않아?

A 맞아. 윈프리가 남긴 명언이 떠오르네.

B 뭔데?

A '사랑의 첫 번째 의무는 상대방에 귀를 기울이는 거'라고 했어. 그녀는 상대가 하는 말을 온 마음을 다해 들어줄 준비가 되어 있어.

B 아~~ 혹시 그 외에도 그녀가 한 말 중에 기억나는 게 있니?

A 흠! 아! 한 가지 더 생각났어. 나이가 성숙을 보장하지는 않는다고.

B 이 말은 시간이 지날수록 더 관대해지고 용서하란 뜻이야, 그렇지?

A 바로 그거야!

주요 어휘 및 표현

- remind A of B: A에게 B를 상기시키다, 생각나게 하다
- Afro-American: 흑인 미국인(아프리카인을 조상으로 하는 미국인)
- lives: '살다'라는 동사가 아니라, 삶(life)의 복수형으로 '라이브즈'로 발음
- have many things in common: 많은 공통점을 가지다
- respect(=look up to): ~을 존경하다, 우러러보다
- ups and downs: 좋은 일들과 나쁜 일들, 성쇠
- make it through: 통과하다, 힘든 일이나 역경 등을 극복하고 헤쳐 나가다(overcome)
- lead a successful life: 성공적인 삶을 살다
- You bet: 물론이지, 그렇고말고, Thank you에 대한 대답으로 천만의 말씀
- famous saying Winfrey left: 윈프리가 남긴 명언
- occur to(=strike=come to mind): (생각이나 기억 등이)떠오르다
- from the bottom of her heart: 마음 깊은 곳에서, 온 마음을 담아(=with all her heart)
- among what she said: 그녀가 한 말 중에
- come up with~: ~이 생각나다, 떠올리다
- Age is no guarantee of maturity: 나이가 성숙을 보장하지는 않는다
- show more generosity and forgiveness: 좀 더 관대함과 용서를 보여주다

재미있는 문화 이야기

'오프라 윈프리'(Oprah Winfrey)는 미시시피주(state of Mississipi)의 작은 소도시에서 사생아로 태어나, 열악한 환경에서 어두운 어린 시절을 보냈다. 유명한 방송인임에도 불구하고, 그녀는 숨기고 싶을 수 있는 과거의 아픔과 역경을 담담히 대중과 공유했다. 그녀의 솔직함과 주변에 대한 공감능력은 많은 이들에게 희망과 꿈을 주었다. 이는 그녀와 비슷한 고통스러운 경험을 겪은 이들에게 희망의 메시지로 다가갔다. 그녀가 많은 사람들의 공감을 살 수 있었던 이유 중 하나는, 아마도 그녀의 방대한 독서량이 아니었을까 생각한다. 또한 그녀는 마음을 다해 상대의 이야기를 경청하려는 진정성이 돋보인다. 이러한 그녀의 노력이 암울했던 과거의 기억을 극복하고 20년 이상 TV 토크쇼 진행의 1인자를 가능하게 해 준 듯하다.

나에게는 캘리포니아 출신의 흑인(African-American) 친구가 있다. 처음에 그녀는 나에게 친근하지 않았지만, 시간이 지나면서 조금씩 마음을 열어주었다. 어느 날 그녀는 어린 시절에 대한 이야기를 해 주었다. 부모님의 이혼 후, 어머니와 계부와 함께 살게 되었다고 했다. 계부의 성적 학대를 당해야 했고, 어머니는 이를 방관했다고 한다. 그녀는 어머니를 용서하는 것이 가장 어려운 숙제였다고 말하면서 오열했다. 하지만 그녀는 어린 시절의 아픔에 주저앉지 않았다. 닥치는 대로 책을 읽고 몰입하면서 자신을 일으켜 세웠다. 그녀의 다독은 표현력을 풍성하게 해 주었고, 그녀의 공감능력은 주변인들에게 배려와 진정성으로 다가왔다. 그녀는 심리학 박사과정을 마치고 현재 대학교수로 재직 중이다. 그녀를 떠올릴 때마다 존경과 경외심을 느낀다.

'Afro-American'은 'African-American'의 줄임말로, 미국 흑인을 일컫는 적절한 표현이다. 비하하는 용어가 아니다. 그러나 인종을 떠나 제일 좋은 호칭은 역시나 이름을 부르는 것이다. 인종과 국적에 대한 편견을 버리면 우정과 사랑은 가까이 찾아온다. 남아프리카공화국(South Africa) 출신의 오드리(Audrei)라는 동갑내기 친구가 있었다. 순수하고 친절했던 그녀는 똑똑했지만 가정형편이 어려웠다. 하지만 남다른 학구열과 열정으로, 그 당시 가난하지만 똑똑한 학생들에게 공부할 기회를 주는 전 세계적인 장학재단인 '풀브라이트 프로그램'(Fulbright Program) 장학생으로 선발되었다. 'Fulbright Program'이란, 미국의 여러 문화교류 프로그램(cultural exchange program) 중 하나로, 세계에서 명성 높은 장학제도 중 하나다. 하고자 하는 이들에게는 길은 반드시 보인다. 그녀 역시 길을 찾았고, 지금쯤 그녀의 나라에서 훌륭한 학자가 되어 있을 거라는 기대를 해 본다.

Age is no guarantee of maturity with time.(나이가 성숙을 보장하지는 않다.)에서 'maturity'는 '성숙'이며, 'mature'는 '성숙한' 또는 '성숙하다'로 형용사와 동사 둘 다 가능하다. 반의어는 'immature'로 '미성숙한'의 뜻이다. 접두어 'pre'를 붙이면 미리(before)의 의미로 '조숙한'(premature)이 된다.

▶나이아가라폭포(Niagra Falls)

SECTION J

Family Life

가정생활

46

Born with a Silver Spoon

은수저로 태어나다

Dialogue

A I'm proud of my friend who is a millionaire.

B I wonder if she won the lottery or she was born with a silver spoon in her mouth.

A She was almost broke. She lived from hand to mouth. Later she worked very hard day and night. She invested her savings in a run-down buildings. Now she is running three buildings.

B Wow. She didn't inherit any fortune? You mean she started from nothing? No wonder you're proud of her.

A Uh-huh! She was far from rich!

B I truly respect a self-made man. I have a friend who became a judge after he passed the bar exam and now he's doing a great job in his field as a supreme judge.

A You know? Recently things have changed. The one who wants to be a judge has to finish three years of law school before taking the bar exam.

B Yes. It opens more opportunities to become a lawyer. However, it's difficult to make it to the top when you come from a poor family.

A 나는 부자가 된 내 친구가 자랑스러워.

B 그녀가 로또에 당첨된 건지, 아니면 태어날 때부터 은수저 출신인 건지 궁금해.

A 그녀는 거의 무일푼이었어. 하루 벌어 하루 살았지. 그녀는 매일 밤낮으로 열심히 일했어. 그 돈으로 망해가는 건물에 돈을 투자했고, 지금은 세 개의 건물을 운영 중이야.

B 우와. 유산을 물려받지 않았어? 무에서 시작했다니. 정말 자랑스러워할 만하네.

A 그렇지. 부유한 집안과는 거리가 멀어.

B 나는 자수성가한 사람을 진심으로 존경해. 사법시험에 합격한 후 판사가 된 친구가 있어. 그는 지금 그 분야에서 부장판사로써 멋지게 일하고 있어.

A 너 그거 아니? 최근 상황이 바뀌었다는 거? 판사가 되길 원하는 사람은 사법 시험을 보기 전 3년의 로스쿨을 수료해야 해.

B 응. 법조인이 될 기회가 좀 더 넓어진 것은 맞아. 하지만 여전히 넉넉하지 않은 집 출신이 최고가 되기는 어려워.

주요 어휘 및 표현

- born with a silver spoon: 은수저로 태어나다
- almost broke: 거의 무일푼, 파산한
- live from hand to mouth: 하루 벌어 하루 살다
- day and night: 밤낮으로(순서 유념)
- invest her savings: 모은 돈을 투자하다
- run-down: 망한
- inherit fortune: 재산을 물려받다
- far from rich: 부유한 집안과는 거리가 먼
- pass the bar exam: 사법시험에 합격하다
- a supreme judge: 부장판사
- make it to the top: 정상에 오르다(make it to: ~에 이르다, 도착하다)

재미있는 문화 이야기

앞의 스토리는 내 친구의 성공사례이다. 그녀는 일에 대한 열정이 남달랐고, 한시도 쉬질 않았다. 또한, 인디애나주의 혹한에도 교통비를 아끼기 위해 자전거를 타고 다닐 만큼 알뜰했다. 마침내, 지금은 남들이 부러워할 만큼의 부를 이루게 되었지만 현재의 부를 사치스럽게 누리는 대신 기부에 적극적이다. 이것이 그녀를 더욱 돋보이게 한다.

'millionaire'는 말 그대로 '백만장자'이며 한국 돈으로 11억 상당의 가치이다. 요즘은 화폐 가치가 올라 '십억장자'(billionaire) 또는 '조 단위의 자산가'(trillionaire)라는 새로운 표현도 생겼다.

'live from hand to mouth'라는 표현이 있다. 이는 '하루벌이 생활을 한다'는 뜻이다. 16세기경부터 쓰인 말로, 음식을 손에서 곧장 입으로 가져갈 정도로 허기진 배를 채우기에 급급했던 상황을 표현한다. 참고로, 'start from nothing'은 '무일푼에서 시작하다'이며 비슷한 표현으로 'start from scratch'가 있다. 'from scratch'는 '아무것도 없는 상태'를 뜻한다.

한국어와 다른 순으로 말하는 표현들을 보자. 'day and night'는 '밤낮', 'rich and poor'는 '빈부', 'old and new'는 '신구', 'vice and virtue'는 '선악', 'right and left'는 '좌우', 'back and forth'는 '전후', 'north, south, east and west'는 '동서남북'이다. 그리고 'life and death'는 '사활', 'ladies and gentlemen'은 '신사숙녀 여러분' 등이 있다.

'far from rich'는 '부자와는 거리가 멀다'는 뜻이다. 'from' 뒤에는 물리적 공간이나 장소, 혹은 추상적 개념이 나와서 '거리가 멀다'는 의미로 쓰인다. 추상적 의미로 사용될 때는 'never'와도 대용이 가능하다. 예로, "I'm far from okay"는 "전혀 안 괜찮아" 즉, "I'm never okay"이다.

47 Adoption
입 양

Dialogue

A You know an adopted daughter, Judy, is anxiously looking for her biological parents. She's a junior at the medical school of Indiana University. She was Miss Indiana last year.

B Wow! Amazing! A medical student and Miss Indiana?

A Yes, she was adopted by an American family via the Social Welfare Society one week after her birth.

B I'm curious about her foster parents.

A They encouraged her not to forget that she was a Korean, while teaching her Korean songs such as 'Arirang' and 'Santokki'.

B It's a really touching story! I wish her good luck.

A 입양된 Judy라는 한 소녀가 간절히 친부모를 찾고 있다는 얘기 들었니? 인디애나 의대 3학년에 재학 중이며 작년에 미스 인디애나였대.

B 우와! 대단하다! 의대생에 미스 인디애나 출신이라고?

A 응. 태어난 지 일주일 후에 '대한사회복지회'를 통해 미국으로 입양되었대.

B 그녀의 양부모님은 어떤 분인지 궁금해.

A 그들은 '아리랑'과 '산토끼' 같은 한국 노래를 가르쳐 주시며, 그녀가 한국인임을 잊지 않게 격려하셨어.

B 너무 감동적인 이야기인데! 행운이 그녀와 함께 했으면 좋겠어.

주요 어휘 및 표현

- adopted daughter: 입양된 딸
- is anxiously looking for: 간절히 찾고 있다
- biological parents: 낳아주신 부모님 / foster parents: 양부모님(입양에 의해)
- junior: 대학교 3학년(freshman: 1학년, sophomore: 2학년, senior: 4학년)
- via: ~를 통해(=by way of)
- the Social Welfare Society: 사회복지회
- one week after her birth: 태어난 지 일주일 후
- encourage her not to forget: 잊지 않도록 그녀를 격려하다

재미있는 문화 이야기

Dr. Stoneberg라는 친구를 잊을 수가 없다. 그녀는 평생을 호스피스병동 간호사로 근무했다. 죽음을 가까이에 둔 환자를 돌보면서도 표정은 늘 평화로웠다. 그녀의 남편은 신학대학 교수로 재직 중이었는데, 부부가 모두 훌륭한 인품으로 주위의 존경을 받았다. 하지만 야속하게도 아이가 없어서 두 아이를 입양했다. 한 아이는 미국 출생이었고, 다른 아이는 한국에서 입양되었다. 어느 날 Stoneberg는 한국아이와 함께 있던 쪽지 하나를 나에게 보여주었다. 그 쪽지에는 아이의 출생지인 강원도 춘천의 한 시설의 이름과 한국명이 적혀 있었다. 그 한국아이는 훌륭한 양부모 아래서 양질의 교육을 받아 사법고시(Bar exam)를 통과한 후 검사가 되었다. 미국 출신의 다른 입양아 역시 잘 성장하여 인테리어 디자이너가 되었다. 두 딸은 모두 결혼해서 부모 근처에 살고 있고, 여느 가정보다 더 행복해 보였다. 그들은 나에게 진정한 가족의 의미를 다시금 되새기게 해 주었다. 참고로 입양에 의해 부모가 된 경우를 'foster mother and father'라 한다.

입양에 관한 또 다른 특별한 이야기가 있다. 미국에서 친하게 지냈던 일레인(Elaine) 할머니는 내가 한국인이라고 하자, 특별한 관심과 애정을 보였다. 함께 식사도 하고, 봉사활동도 다니며 많은 대화를 했다. 그녀의 친언니 부부가 아들을 한국에서 입양했다고 했다. 그녀의 조카는 훌륭한 인품의 청년으로 성장해서 한국에서 대학 교수로 재직 중이라 하였다. 그녀는 조카의 주소를 건네주며 내가 귀국하면 만나보기를 희망했다. 그녀 덕분에 나는 그녀의 조카와 편안한 친구가 될 수 있었다.

다양한 인종과 민족이 공존하는 미국에서 살다보면, 종종 'ethnic'과 'racial'의 개념이 혼란스러울 때가 있다. 'ethnic'은 '민족의, 민족전통의' 의미를 가지고 있는데, 'racial'과 대용되기도 하지만 미묘한 차이가 있다. 'racial'은 겉모습으로 비교적 명백하게 분류되지만, 'ethnic'은 겉보기로만으로는 판단하기가 쉽지 않다. 'racial'은 피부색, 신체적, 생물학적 특징으로 판단되는 것에 반해, 'ethnic'은 국적, 종교, 언어, 가계, 지역문화 등과 같은 내적·정신적 특징으로 그룹화한 것이다. 그러므로 나는 'racial'로 보면 아시아인이며, 'ethnic'으로 보면 한국인이다. 한 사람을 판단할 때 'race'를 판단하는 것은 쉽지만, 'ethnicity'는 그렇지 않다. 보이는 것이 다가 아니기 때문이다.

미국에 교환교수로 다녀온 친한 선배는 귀국했지만, 아이는 귀국하지 않고 미국에 정착해 생활하고 있다. 아이는 한국인 부모님을 둔 한국인이지만, 가끔 귀국하면 한국의 문화와 사회분위기에 적응하는 것을 힘들어 했다. 다문화가 공존하는 미국의 생활방식에 더 적응된 사례이다. 즉, 'race'는 아시아이지만, 'ethnicity'는 한국이라고 정의내리기가 어렵다. 'race'와 'ethnicity'는 굉장히 밀접하게 연관되어 수학공식처럼 정확히 구분하기가 힘들다. 하지만 'race'와 'ethnicity'의 간극이 클수록 개인이 느끼는 정체성의 혼란은 커질 수 있다.

48 Step Father and Step Mother
의붓아버지와 의붓어머니

Dialogue

A Do you have any plans during this spring break?

B I am going to my parents' house and spend time with my family.

A Do you have a big family?

B Yeah. There are nine of us. My grandparents, parents, one older brother, one sister-in-law, one nephew, one niece, and me.

A Wow! That's pretty big!

B Yeah, how about you? How many people are there in your family?

A Well, my parents got divorced, so I live with my mom and my mom's boy friend. My dad, step-mom and younger sister live together.

A 봄방학 동안 무슨 계획이라도 있니?

B 나는 부모님 댁에 가서 그들과 함께 시간을 보낼 예정이야.

A 대가족이니?

B 응, 9명이야. 조부모님, 부모님, 오빠, 올케, 남 · 여 조카 각각 한 명, 그리고 나야.

A 우와! 꽤나 대가족이네!

B 응, 너는 어때? 가족이 몇 명이니?

A 음, 부모님께서 이혼하셔서 나는 엄마랑 엄마의 남자친구랑 셋이서 살아. 그리고 아빠는 새엄마랑 내 여동생과 셋이 함께 사시지.

주요 어휘 및 표현

- during this spring break: 이번 봄방학 동안
- sister-in-law: 처제, 처형, 형수, 계수 혹은 제수(형 입장에서 남동생의 아내), 올케(누나 입장에서 남동생의 아내), 시누이, 동서
- mother-in-law: 시어머니, 장모(parents-in-law 시부모님, 장인장모님)
- nephew: 남자조카(niece: 여자조카)
- great-grandfather: 증조할아버지
- get divorced: 이혼하다
- step mother: 의붓어머니(step father: 의붓아버지)

재미있는 문화 이야기

미국은 개인주의 경향이 강하다. 우리와 비교해 가족의 범위가 상대적으로 좁고 친·인척의 범위가 넓은 편이다. 'in-law'로 표현되는 관계는 나와 직속가족으로 여기지 않는다. 우리처럼 이모, 고모, 이모할머니와 같이 관계를 따로 구분하는 말 대신 'aunt'로 통일한다. 'aunt'는 또한 주변 여자 이웃을 가리키는 말이기도 하다. 마찬가지로 삼촌, 고모부, 큰아버지, 작은아버지 모두 'uncle'로 통일한다. 그러므로 용어 하나로 친척(relative: 관련된 사람)을 지칭하는 범위가 넓다. 형제자매(sibling)의 호칭도 격식 없이 'bro' 또는 'sis'라고도 한다. 남편(husband) 역시 'hubby'로 줄여 지칭한다. 'in-law'는 결혼으로 이어진 법적 관계로 시댁, 처가의 친척들을 언급할 때 쓴다. 예를 들어보자. 'sister-in-law'는 처제, 처형, 형수, 계수(동생의 아내), 시누이, 올케, 동서이다. 'mother-in-law'는 시어머니, 장모이며, 'parents-in-law'는 시부모님, 장인장모님이다. 'niece'는 여자조카, 'nephew'는 남자조카, 'cousin'은 사촌이다. 증조의 의미는 'great'을 붙인다. 고조의 의미일 때는 한 번 더 'great'을 쓴다. 즉, 한 세대가 올라가거나 내려갈 때마다 'great'을 쓴다. 예로, 'great-grandfather'는 증조할아버지이며, 'great-great grandfather'는 고조할아버지이다. 반대로, 'great-grand children'은 증손자들이며, 'great-great grandchildren'은 고손자들이 된다.

'step mother', 'step father'는 계모, 계부를 뜻한다. 'step brother'는 재혼한 부모의 상대 배우자의 자식으로 법적으로 이어진 형제이고, 'half brother'는 부모 중 한 분의 혈연으로 이어진 형제를 뜻한다. 미국에서는 'half brother', 'step brother'의 관계를 자연스럽게 받아들이고 거리낌 없이 주변인에게 소개한다. 부모가 이혼한 후 애인이 생겨 같이 살게 되더라도, 자식들은 이를 자연스럽게 받아들인다. 서로를 구속하지 않고 각자의 방식을 존중해 준다. 아직은 우리의 정서와는 사뭇 거리감이 있지만, 한국사회에서도 조금씩 다양한 가족의 모습이 나타나고 있다. 이에 대한 인식의 변화를 준비해야 한다.

대가족은 'big family' 또는 'extended family'라고 하며, 핵가족은 'small family' 또는 'nuclear family'라고 한다. 'nuclear'의 핵은 핵무기를 뜻하는 핵이 아니라 가장 중심이 되고 더는 쪼개지지 않는 기본요소로 최소의 가족구성 단위를 뜻한다. 즉, 부모와 미혼자식으로 이루어진 2세대를 칭한다.

49 Housing Ads

주택광고

Dialogue

A What are you doing here?

B I'm looking for classified ads to find a place to live in.

A A-ha! You're reading housing ads.
Hey! Here's a two-story condo with separate garages, a newly remodeled kitchen, and a dining room for sale.

B Oh! It is in a quiet community. Looks nice!

A The real estate agent said he would deal with large homes, small apartments, and mobile homes, too. Contact the real estate agent immediately.

B Hopefully, there are no cockroaches.

A There are some cockroaches and ants in many old houses made of wood. I recently found some pests. The manager took care of this problem right away before it got worse.

A 여기서 뭐하니?

B 살집을 찾기 위해 안내광고를 보는 중이야.

A 아~ 집 광고를 보고 있구나. 차고가 별도로 있고, 새로 리모델링한 주방과 식당이 있는 2층 콘도에 관한 광고가 있네.

B 오! 조용한 동네이네. 마음에 들어!

A 큰집, 작은집, 이동식집 등 다양하게 다 있나봐. 당장 부동산에 연락해 보자.

B 바퀴벌레가 없었으면 하는데.

A 나무로 만든 오래된 집은 바퀴벌레나 개미가 있어. 최근에 나도 해충이 나와서 더 많이 나오기 전에 관리인이 바로 이 문제를 해결해 주셨어.

주요 어휘 및 표현

- classified ads: 안내광고(advertisements), Housing Advertisement: 집광고
- a place to live in: 살곳(전치사 in 유의)
- a two-story condo: 2층짜리 콘도(아파트 같은 공간: condominium)
- separate garages: 차고가 별도로 있는
- a newly remodeled kitchen: 새롭게 리모델링된 주방
- in a quiet community: 조용한 동네에서
- deal with: (1)취급하다, (2)다루다, 대하다, (3)처리하다, 해결하다
- contact the real estate agent: 부동산에 연락하다
- immediately: 당장(=right away)
- hopefully: (문장 전체를 수식하는 부사)바라건대, 원컨대
- cockroach: 바퀴벌레
- pest: 해충
- a house made of wood: 나무로 만들어진 집
- take care of this problem: 이 문제를 다루다
- before it gets worse: 악화되기 전에

재미있는 문화 이야기

'condo'는 'condominium'의 약자로, 우리가 알고 있는 취사가 가능한 숙박시설과는 다른 개념이다. 이는 한국에서 말하는 아파트의 개념이다. 미국인들 역시 매달 일정 금액을 월급에서 차감하며 몇 년간 갚아나가는 모기지론을 이용해서 'condo'를 매수한다. 'pension'은 연금, 생활보조금 이라는 뜻인데, 북유럽에서 은퇴한 노인 계층이 생활비를 벌기 위해 여행객들에게 방을 내주고 숙박료를 받았던 데서 시작되어, 우리나라에서는 잘 갖춰진 숙박시설의 하나를 의미하는 말로 사용된다. 층수 언급을 알아보자. 2층은 'second floor'라고도 쓴다. 층수를 말할 때는 주로 'story'나 'floor'를 사용할 수 있다. 'story' 앞에는 기수, 'floor' 앞에서 서수를 쓴다. 또 다른 차이는 'story'는 전체 건물 층수를 뜻한다면, 'floor'는 전체 건물 중 몇 층인지를 설명해 준다. 예를 들어, 나는 3층짜리 건물에 산다고 할 때, 'I live in a three story building.'라고 한다. 'I live in the third floor'는 전체 층수는 알 수 없지만, 그 중 3층에 산다는 의미로 서수 앞에 'the'를 쓴다.

'separate garages'는 '분리된 차고'를 뜻한다. 미국에서는 대부분 개개인이 차를 소유하기 때문에 별도의 주차공간이 중요하게 여겨진다. 미국의 주차 구역은 넓은 편이다. 한번은 지인이 실수로 주차 구역선을 넘어 주차했다가, 신고를 당해 차가 견인되어 벌금을 크게 낸 적이 있다. 한국에서나 미국에서나 선을 지키는 것은 중요하다.

미국은 음식을 요리하는 공간(kitchen)과 식사만을 위한 공간(dining room)을 엄격하게 구분한다. 'kitchen'에서 요리한 후 넓은 거실과 작은 방을 지나 'dining room'으로 음식을 옮기는 모습이 우리 입장에서는 참 번거롭고 공간 개념이 비효율적일 수 있다. 하지만 그들은 주방과 떨어진 곳에서 식사만은 우아하게(decently) 하고자 불편함을 감내한다.

미국에서 식사 시 냅킨 사용 방식은 그 사람의 예의 정도를 분별하는 척도가 될 수 있다. 냅킨으로 입 주위에 묻은 간단한 음식을 닦고, 식사가 끝나면 정리해서 테이블 위에 두는 것이 예의 바른 행동이다. 또한 미국에서는 냅킨과 휴지의 용도가 다르다. 아무리 경제적 수준이 높지 않아도 식사 중에는 냅킨을 사용한다. 미국에서는 화장실에서 사용하는 두루마리 형태의 휴지는 'toilet roll'임을 명심해야 한다.

50 On a Tight Budget
긴축재정 중

Dialogue

A What's going on in your mind?

B Renting a house. I have to move before the new semester begins.

A What about sharing a house with me? I'm on a tight budget.

B How much do you pay per month? Is it an apartment?

A Just $800. It's a mobile home with a new carpet, free utilities and nearby amenities.

B Oh! Such an affordable price! Deposit required?

A No deposit required! But no pets!
Near campus. It takes just 5 minutes from campus so I can be home for lunch.

B Yep! Highly accessible!

A Wanna see my house?

B Sounds great!

A 무슨 생각을 하고 있는 중이니?

B 집 렌트하는 거. 새학기가 시작하기 전 이사가야 하거든.

A 나랑 같이 사는 건 어때? 나도 긴축재정 중이거든.

B 월세가 얼마인데? 아파트니?

A 월 800달러야. 새 카펫이 깔려있고, 관리비는 포함된 가격이며, 편의시설이 좋은 이동식 주택이야.

B 아!~ 괜찮은 가격이네. 보증금도 필요하니?

A 아니, 필요 없어. 애완동물은 허용이 안 돼. 캠퍼스랑 가까워서 5분밖에 안 걸려. 그러니 점심 먹으러 올 수도 있어.

B 응! 접근성이 좋네!

A 집을 한 번 볼 생각이 있니?

B 좋아!

주요 어휘 및 표현

- on a tight budget: 예산이 빠듯한, 긴축재정 중
- pay per month: 매달 지불하다
- a mobile home: 이동식 주택
- free utilities: 공공요금 무료
- nearby amenities: 편의시설이 좋은
- such an affordable price: 너무도 괜찮은(감당할 만한) 가격
- deposit required: 보증금 필요한
- highly accessible!: 접근성이 꽤 좋은

재미있는 문화 이야기

앞의 대화는 친구에게 룸메이트가 되기를 권하는 내용이다. 인디애나는 집값이 비싼 편은 아니지만, 학생들이 월세를 감당하기에는 부담일 수 있다. 따라서 불편함을 감수하더라도 룸메이트를 두는 경우가 많았다. 룸메이트에게는 보증금을 받지 않지만, 통상적으로 초기 입주자는 적당한 금액의 보증금(deposit)을 관리사무소에 지불한다. 계약 만료 시 못 하나 박은 것까지 페널티가 부과되어 보증금에서 공제된다. 정해진 규칙 위반 시 불이익을 당할 수 있으므로 건물 관련 유의사항을 꼭 알아두어야 한다.

미국가정에서는 카펫을 까는 것이 보편적이다. 온 집안을 다 카펫으로 까는 경우도 흔하다. 하물며 화장실에도 깔려 있다. 하지만 나는 카펫에 물을 쏟을까 염려되기도 했고, 물청소를 하지 못해 불편하고 답답했다. 또한, 실내에서 신발을 신는 것도 어색하고 익숙해지기 어려웠다. 한국의 전통적 온돌 문화에 익숙했던 나로서는 바닥이 깨끗해야 했고, 미국은 벽난로와 카펫 등으로 난방을 하며 침대 생활을 하는 입식 문화라 굳이 바닥이 깨끗할 필요성을 못 느끼는 듯 했다. 또한 대도시를 제외한 외곽 지역은 잔디와 숲이 많아 공기가 깨끗했다. 몇 년을 살면서도 세차의 필요성을 못 느낄 정도로 공기가 깨끗하여 오픈카(convertible car)도 인기가 있었다.

모바일은 '이동성이 있는, 움직이기 쉬운'의 뜻으로, 모바일 홈은 '이동식 주택'이다. 미국에서는 이동식 주택을 많이 선호한다. 말 그대로 이동이 가능하고 세금이 없기 때문이다. 추위를 피해 따뜻한 곳으로 이동해 지내는 사람들을 일컬어 스노우 버드족(snow birds)이라고 한다. 캠핑카 종류로는 RV(Recreational Vehicle), SUV(Sports Utility Vehicle)가 있다. 약간의 차이는 있지만, 산악지대나 오프로드(off road: 비포장도로)를 역동적으로 달릴 수 있어 여행하기에는 편리하다.

'amenity'는 학교나 쇼핑센터, 슈퍼마켓 등 각종 편의용품 내지 편의시설을 뜻한다. 단기체류라면 'furnished place'(가구가 구비된 곳), 장기체류라면 'unfurnished place'(가구가 구비되지 않은 곳)을 권한다. 당연히 한 달 임대료는 'furnished place'가 더 비싸다.

'at affordable prices'는 '부담할 수 있는 가격'의 의미이다. 의류광고에 'Top Brands, Affordable Prices!'는 '최고의 브랜드를 좋은 가격에!'로 맘에 드는 브랜드가 있다면 들어가 보게 하는 문구이다.

51

A Housewarming Party
집들이

Dialogue

A Are you going to Gina's housewarming party this Friday?

B Oh! Gina is throwing a party to celebrate moving to her new home?

A Yep! She moved to a pretty nice house for herself.

B More than happy to hear that she moved to a new place she likes. But I have no idea what I should get her as a gift.

A Well, she's Korean so probably you can buy some kleenex or laundry detergent for her.

B Huh? That's weird. What do you mean?

A In Korean culture, we give those kinds of gifts when someone moves to a new place. People think Kleenex tissues are getting swollen with water and a laundry detergent is bubbling. These imply that they will become rich.

B Hmm! That's an interesting culture. So you mean those kinds of things are useful for a new resident?

A That's it!

B A-ha! At first, it sounded weird, but now I think they're good gifts for someone who moved into a new house.

A 이번 금요일에 Gina의 새로 이사 간 집에 집들이 갈 거야?

B 아! Gina가 새집으로 이사를 가서 파티를 하는구나.

A 응! 그녀에게 맞는 예쁘고 좋은 집으로 갔어.

B 그녀가 마음에 드는 곳으로 갔다니 너무 기쁘네. 그런데 집들이 선물로 뭘 사야 할지 모르겠어.

A 흠. 한국인이니 티슈나 세제 같은 것을 사면 될 것 같아.

B 그래? 신기하네. 무슨 뜻이야?

A 한국 문화에는 누군가가 새집으로 이사를 가면 그런 종류의 선물을 주곤 해. 티슈는 물에 부풀고 세제는 거품이 부글부글 나잖아. 이건 재산이 부풀어 올라 부자가 된다는 걸 의미하지.

B 흠~ 흥미로운 문화야. 새로운 입주자들에게는 그런 선물이 유용하다는 거네.

A 그렇지!

B 아! 처음에는 좀 의아했는데, 지금 생각하니 새집에 좋은 선물인 것 같아.

주요 어휘 및 표현

- housewarming(party): 집들이
- throw a party: 파티하다(=have a party)
- celebrate moving to a new home(house) : 새집으로 이사를 가는 것을 축하하다
- more than happy to~: ~하게 돼서 행복 그 이상이다
- some kleenex or laundry detergent: 화장지나 세제
- weird: 기이한, 기묘한, 희한한(sound weird: 희한하게 들리다)
- be getting swollen with water: 물과 함께 있으면 부풀어 오른다
- be bubbling: 거품이 일어나다(bubble: 거품)
- become rich: 부자가 되다(=get wealthy)
- a new resident: 새로운 입주자
- that's it!: (1)바로 그거야! (2)그게 다야. (3)겨우 그거야?

재미있는 문화 이야기

'Housewarming Party'는 한국의 집들이 개념이다. 이사를 간 미국 친구로부터 초대를 받아 간 적이 있다. 나는 티슈와 세제를 선물로 준비했고, 한국에서의 그 선물에 대한 의미를 설명해 주었다. 이는 자연스러운 대화를 이끌어 아이스 브레이킹 하기에 좋았다. 문화적인 다양성(cultural diversity)은 언제나 즐거운 대화의 소재가 될 수 있다.

'More than happy to' 동사원형은 '~한 행동을 하게 되어 너무 좋다' 내지 '기분 좋게 기꺼이 ~한 동작을 하겠다'는 표현이다. 예로, 'I'm more than happy to follow your schedule.'이라고 하면 '기꺼이 너의 스케줄대로 따르겠다.'는 의미를 전한다. 듣는 사람을 기분 좋게 해주는 말이다.

'That's weird'는 '기이하다, 기묘하다, 희한하다'라는 의미이다. 말로 설명하기도 어렵고, 이해가 안 되는 상황일 때에 주로 쓰인다. 'odd'나 'strange'도 괜찮다. 상대방이 들었을 때 기분 나쁜 말은 아니다. 정상범주에서 살짝 벗어난 행동에 대해 말할 때 흔히 쓴다.

'swell'의 동사변화는 'swell-swelled-swollen'이다. 기본적으로 '부풀어 오르다'는 뜻이다. '인원수가 늘어나다', '면발이 퍼지다', 혹은 '피부가 붓다'라는 의미로도 사용된다.

52 A Pajama Party
파자마 파티

Dialogue

A Hey, Grace! Are you going back to Korea next week?

B Yeah, that's true.

A What about having a sleep-over this weekend? We won't be able to see each other until we become a college student. I'll miss you a lot. Almost every weekend, we have had a slumber party.

B I'll miss you, too. I won't forget awesome experiences with you. And who knows? I might come back here for studying.

A I hope you can come. I'd like to visit Korea sometime in the future.

B You can stay with me while you stay in Korea.

A Thank you. Anyway, let's have our last slumber party.

B OK. Why don't we call Julia and Kelly?

A Hooray!

A 안녕, 그레이스! 다음 주에 한국에 돌아갈 거니?

B 응, 맞아.

A 그럼, 우리 이번 주말에 파자마 파티 하는 게 어때? 이제 대학생이 될 때까지 못 보잖아.
네가 많이 보고 싶을 거야. 우리 거의 주말마다 슬립 오버를 해 왔잖아.

B 나도 보고 싶을 거야. 너희와 함께 했던 이런 멋진 경험을 잊지 못할 거야. 누가 알겠니? 공부하러 미국에 다시 올지.

A 그러게. 다시 오면 좋겠다! 나는 언젠가 한국에 가보고 싶어.

B 한국에 오면 나랑 있으면 돼.

A 고마워. 그건 그렇고 마지막 슬럼버 파티 해야지.

B 그래. Julia와 Kelly도 부르자.

A 야호!

주요 어휘 및 표현

- sleep-over: 파자마 파티(=slumber party = pajama party)
- what about ~ing?: ~하는 게 어때?(=why don't we~?)
- won't be able to see: 볼 수 없을 거야(won't = will not, be able to = can)
- awesome experience: 멋진 경험
- Who knows?: 누가 알겠는가?, 아무도 모른다
- I'd like to visit: 방문하고 싶다(would like to + 동사원형)
- sometime: 언젠가, 훗날에
- hooray!: 만세!

재미있는 문화 이야기

파자마 파티(pajama party)라는 말을 많이 들어봤을 것이다. 슬립오버(sleep over) 혹은 슬럼버 파티(slumber party)라고도 한다. 'slumber'는 명사로 '잠', 동사로 '잠을 자다'는 뜻이다. 이는 파자마를 입고 그들만의 시간을 보내는 파티로, 주로 십대 여학생들 사이에서 인기가 많은 행사였다. 내가 머물던 인디애나는 보수적인 성향이 강한 지역이었다. 이동이 많지 않은 백인들이 대다수를 이루고 있다. 대체로 유치원 때부터 친하게 지낸 친구들끼리 강한 결속력을 가지며 타인, 더욱이 외국인이 모임에 들어가는 것을 호의적으로 받아주지 않는다. 그랬기에 당시 10대 여아를 둔 나에게는 힘든 부분이 있었다. 그러나 한국의 슈퍼맘 기질을 발휘하여 적극적으로 학부모 모임에 참석하며 친화력을 발휘했다. 마침내 나의 딸은 그들만의 슬럼버 파티에 초대받을 수 있었다. 친분이 쌓이면서 언제인가부터는 매주 초대를 받게 되었다. 아이들만의 파티에서 나의 딸은 영어 실력이 눈에 띄게 향상되었고, 좀 더 적극적으로 소통하는 등 사회성도 발전하는 계기를 얻게 되었다.

'go back to Korea', 'go back to school' 등으로 장소 앞에는 방향전치사 to가 나오지만, 'home'은 'to'를 쓰지 않는다. 'home' 자체가 '집으로'라는 방향이 이미 포함된 부사이므로 'go back home'이라고 쓴다. '집에 가자'는 'Let's go home'이며, '집에 왔다'는 'I'm home'이다.

'Why don't we~'는 '~하는 게 어때?'로 제안을 나타낸다. 예를 들어, 'Why don't we go home?'은 '집에 가는 게 어때?'이다. 그런데 과거형으로 쓰이면 제안의 의미가 될 수 없다. 예를 들어, 'Why didn't we go home?'은 우리가 '왜 집에 가지 않았지?'라는 의미로 남에게 우리의 상황을 해명하게 하거나 스스로 자책하는 뉘앙스를 포함한다.

SECTION K

Human Relations and Human Life

인간관계와 인간생활

53 Independent Challenged People
독립적인 장애인

Dialogue

A May I help you?

B No, thank you. I can take care of myself.

A Oh, OK. If you need my help, let me know.

B Thank you. You're so warm-hearted.

C Most buses in the U.S are wheelchair accessible. Many areas are designed in such a way that disabled people can use them. Disabled people can easily get access to roads, buildings. parks, theaters, schools, train stations, airports, shops and so on.

A Disabled people have an equal right to have full opportunities in education, employment and so on.

C That's it! We should not restrict them from participating in any social activities.

A A-ha! An equal opportunity in employment, education and leisure.

C Yes, they also have the right to live independent lives.

A I agree.

A 좀 도와드릴까요?

B 괜찮아요. 제가 할 수 있어요.

A 아~ 네. 혹시 도움이 필요하면 알려주세요.

B 감사합니다. 매우 따뜻한 분이시네요.

C 미국 대부분의 버스는 휠체어 이용이 가능해. 많은 곳이 장애인들이 쉽게 사용할 수 있는 방식으로 디자인 되어 있지. 장애인들은 도로, 건물, 공원, 극장, 학교, 기차역, 공항, 가게 등에 쉽게 접근이 가능하지.

A 장애인들도 교육, 고용 등에 완전한 기회를 동등하게 가진다는 의미이구나.

C 그렇지! 우리는 그들이 어떤 사회적 활동을 참여하는 데에도 제한을 두지 않아야 해.

A 아하! 고용, 교육, 여가 등에서 동등한 기회라니.

C 응. 그들도 독립적인 삶을 살 권리가 있으니.

A 그러게, 네 말에 동의해.

주요 어휘 및 표현

- take care of myself: 나 자신을 돌보다
- challenged: 장애의 완곡 표현, physically & mentally challenged(지체 & 정신장애의)
- independent people with disabilities: 독립적인 장애인
- warm-hearted: 마음이 따뜻한
- wheelchair accessible: 장애자 휠체어 이용이 가능한
- in a way that disabled people can use: 장애인들이 이용할 수 있는 방식으로
- and so on: 기타 등등
- full opportunities: 완전한 기회들
- restrict:(명사)제한, (동사)~을 제한을 두다
- participate in: ~에 참여하다(=join)
- social activities: 사회활동
- employment, education and leisure : 고용, 교육, 그리고 여가
- the right to live an independent life: 독립적인 삶을 살아갈 권리

재미있는 문화 이야기

한 번은 도서관 엘리베이터 앞에서 휠체어를 탄 몸이 불편한 학생을 만난 적이 있다. 가방도 여러 개에 책까지 들고 있어서 돕고 싶다는 생각에 "May I help you?"라고 말을 건네니, 일언에 "No, thank you."라고 했다. 휠체어를 밀어주겠다는 제의에도, 버스에서 가방을 들어준다고 해도 모두 "No thanks."의 반응을 보였다. 처음에는 당황스러웠다. 그러나 미국에서는 내가 만났던 휠체어를 이용했던 이들은 단지 약간의 불편함만을 가지고 있다고 생각하는 듯 했다. 그 불편한 부분을 제외하고는 그들은 독립적으로 뭐든 스스로 해결하려는 의지가 강했으며, 주변인들에게 불편이나 폐를 끼치고 싶어 하지 않았다. 주말마다 있었던 영어토론 모임에도 몸이 불편한 친구가 있었는데, 전혀 문제가 될 게 없었다.

우리가 알고 있던 장애인들에 대한 주변사람들의 인식도 놀라웠다. 버스정거장에서 몸이 불편한 이들을 만나는 건 흔한 일이었다. 그들이 안전하게 탑승할 때까지 시간이 걸리더라도 불평하는 사람이 없었다. 버스운전자가 이들을 위해 출발지에서 도착지까지(door- to-door service) 서비스를 해 주기도 했다. 이는 승객들의 이해가 있기에 가능한 일이었다. 몸이 불편한 사람이 특별하지도, 다르지도 않다는 사회적 분위기와 우리의 인식 전환이 절실함을 느껴졌다.

'heart'와 관련된 표현을 보자. 'cold-hearted'는 '냉담한, 인정 없는', 'big-hearted'는 '너그러운, 친절한', 'tender-hearted'는 '마음씨 고운, 인정 많은', 'soft-hearted'는 '마음이 약한', 'hard-hearted'는 '매몰찬, 각박한', 그리고 개인적으로 좋아하는 'warm-hearted'는 '마음이 따뜻한' 등이 있다. 얼마 전 아카데미 시상식에서 4관왕을 수상한 영화 기생충(Parasite)의 봉준호 감독이 했던 말이 생각난다. "이 영화를 통해 다양한 계층의 삶을 조명하며 마음이 무거웠다."라고 소감을 밝혔다. 이 부분에서 통역관은 '마음이 무겁다'를 'heavy-hearted'라고 세련되게 통역했다.

몸이 불편한 이들을 '장애인'이라 칭한다. 영어로는 'handicapped, disabled person'이라고 한다. 전자는 경쟁에서 뒤처지는 불리함이 내포되어 있기에 후자의 표현으로 교체되었는데, able(할 수 있는)과 dis(할 수 없는) 조합 역시 좋은 의미를 전달해 주지는 못했다. 그 후 장애보다는 사람에 중점을 두어 'person with disability'라고도 했지만, 여전히 부정의 의미가 있다. 'person with special needs'란 표현도 쓴다. '특별한 도움을 필요로 하는 사람'이다. 'challenged person'이라는 표현도 있다. '새로움에 도전하는 사람'이라는 뜻으로 몸이 불편한 이와 건강한 이를 구분하지 않는 긍정적이고 밝은 의미이다.

54 Wedding Ceremony
결혼식

Dialogue

A Have you ever attended someone's wedding in the United States?

B Yes, several times. But the most memorable one is the wedding ceremony of my friend who lived next door.

A Oh! How was it?

B The bride and groom vowed their love. And then they exchanged rings which symbolized endless love.

A What did they wear?

B The bride wore a white wedding dress and the groom wore a black suit with a tie. She said she got it from her mother, which seemed meaningful.

A Yeah! Any other rituals in the wedding?

B After exchanging rings, they kissed each other. Also, it was interesting to see some best men and bridesmaids.

A A-ha! Do people in Korea get married early?

B Not really. It depends.

A What is the best age for marriage?

B Well, in my personal opinion, at the age of 28, people seem to be the most charming and mature. But currently the average age of marriage is getting higher every year.

A 미국에서 누군가의 결혼식에 참석해 본 적이 있니?

B 응, 몇 번 있는데, 제일 기억에 남는 결혼식은 옆집 친구의 결혼식이었어.

A 결혼식은 어땠어?

B 신랑과 신부가 사랑의 서약을 하더라. 그리고 영원한 사랑을 상징하는 반지교환이 있었어.

A 신랑과 신부는 어떤 옷을 입었어?

B 신부는 흰 웨딩드레스를 입었고, 신랑은 검은 정장을 입고 넥타이를 맸어. 신부는 그녀의 어머니에게 받은 드레스를 입었는데, 의미 있어 보였어.

A 응, 그랬구나. 또 다른 의식도 있었니?

B 반지교환 후 서로 키스를 했어. 신랑과 신부 들러리를 보는 것도 재미있었어.

A 한국에서는 결혼을 일찍 하는 편이니?

B 꼭 그렇지는 않아. 상황에 따라 다르지.

A 결혼하기에 좋은 나이는 몇 살인 것 같아?

B 음, 개인적인 의견으로는 28살의 나이가 가장 매력적이고 성숙하다고 생각해. 하지만 요즘은 결혼 연령이 해마다 더 높아지고 있어.

주요 어휘 및 표현

- my friend who lived next door: 옆집에 살던 내 친구
- vow their love: 사랑을 맹세하다
- symbolize endless love: 영원한 사랑을 상징하다
- bride and groom: 신부와 신랑
- any other ritual: 또 다른 의식
- exchaning rings: 반지를 주고받는 것
- best man and bridesmaid: 신랑신부 들러리
- at the age of 28: 28살의 나이에
- most charming and mature: 가장 매력적이고 성숙한

재미있는 문화 이야기

미국에서의 결혼식 참석은 새로운 경험이었다. 옆집에 건축과에 다니는 Cathy라는 친구가 있었다. 그녀와 늘 같이 있던 남성이 있어서 부부인 줄 알았는데 학생 커플이었다. 그녀는 함께 살던 남자친구와 결혼을 하게 되면서 나와 가족을 식장에 초대했다. 결혼식 초대장을 받으면 참석 여부를 사전에 알려주는 것이 예의였다. 초대장 끝에 대부분 RSVP라고 씌어 있는데, 프랑스어로 답변 부탁을 뜻했다. 영어로 'Please Reply' 즉, '답신주시기 바랍니다.'의 의미로 통상적으로 '알.에스.비.피'로 읽으면 된다.

그들의 결혼식은 먼시 레저보아(Muncie Reservoir)의 한 야외식장에서 치러졌다. 바람이 많이 불던 날이라 드레스며 곱게 단장한 머리도 날렸다. 하지만 그 신혼부부는 너무나 아름다웠다. 신부의 드레스는 어머니께 물려받은 거라 했다. 한국만큼 화려하거나 세련되지는 않았지만 의미가 돋보였다. 미국의 결혼식에서 신랑 들러리(best man)는 신부에게 결혼반지를 건네주고, 신부 들러리(bridesmaid)는 신부의 곁에 서 있어준다. 가까운 친구들이 결혼식을 빛내주는 모습이 보기 좋았다.

그들의 결혼식은 소박하고 형식과 절차도 간단했다. 축의금 대신 신랑신부가 원하는 물건을 선물로 해 주었다. 예비부부가 백화점이나 상점에 계정(account)을 만들고 원하는 물건의 목록(list)을 등록(register)하면 그들의 지인, 친구가 항목에 나온 물품들 중에서 선물을 골라 사줬다. 누군가 먼저 선택한 물건은 이미 구매완료라고 표시가 되기도 했다. 당시에는 이런 문화가 낯설었지만, 조금 다른 각도에서 보면 선물을 고르는 부담감을 덜어주고 원하는 선물을 받는 합리적 방식이라는 생각이 들었다.

베이비 샤워(baby shower)라는 의식도 있다. 이는 임산부의 출산 예정일이 다가올 즈음 지인과 가족을 초대하여 아기의 탄생과 엄마가 되는 것을 축하하는 파티다. 예비부모들은 선물 공세를 받는다. 이때 초대받은 사람들은 태어날 아기이름을 미리 지어주기도 한다. 처음 초대받은 베이비 샤워 파티에서 내가 지어준 제니(Jenny)를 예비엄마, 아빠가 딸의 이름으로 정해 뿌듯했던 기억이 떠오른다.

'ceremony'는 격식을 갖춘 사회적 의식을 뜻한다. 반면, 'ritual'은 종교적인 의식으로 쓰인다. 결혼식은 'wedding ceremony'이다. 'wedding'과 'marriage'는 차이가 있다. 전자는 하루 동안 치러지는 의식인 반면, 후자는 오랜 시간 지속되는 관계에 대한 용어이다. 즉, "The wedding will be at 2:00.", "My marriage life will be happy."라고 사용해야 옳은 문장이다.

55 Balanced Human Connection

조화로운 인간관계

Dialogue

A You guys know the difference between silk and mop. Which one do you think is more valuable?

B What a silly question! Of course, silk.

A Silk is very expensive but do you think we need it every day?

B Hum! I don't think we need it every single day.

A Can you imagine your life without a mop? Everybody needs it. It can clean everything.

B You mean a person like a mop can be more important than a person like silk.

A That's right. People like a mop who lead successful lives can create good relationships with other people. Not only people but also books can positively affect your life. They gladly squeeze out time for friends even when they're busy. Their friends' worries become theirs.

B You mean they stick with me even at my worst.

A Uh-huh! Someone's true success depends on a balanced human network, not on an excellent brain. Hopefully, you guys are wise enough to find a diamond in the rough.

B Here, the rough diamond means a person like a mop?

A That's right.

B Even if we just come and go in the street, we can encounter someone like a mop?

A Ha ha! Who knows?

A 여러분, 실크와 걸레의 차이를 알고 있나요? 여러분은 어느 것에 더 가치를 두겠어요?

B 그런 질문을 하시다니요! 물론 실크지요.

A 네! 실크는 매우 비싸요. 그런데 우리는 그걸 매일 쓸까요?

B 음! 매일 필요하지는 않죠.

A 걸레 없는 삶을 생각해 봤어요? 우리 모두가 걸레는 필요해요. 모든 것을 깨끗하게 청소해 주죠.

B 걸레 같은 사람이 실크 같은 사람보다 더 중요하다는 말씀이시네요.

A 바로 그거예요. 걸레 같은 사람들은 삶을 성공으로 이끌며 주변과도 좋은 관계를 만들죠. 사람뿐만 아니라, 책도 그들의 삶에 긍정적인 영향을 미칠 수도 있겠죠. 그들은 바쁠 때도 친구들을 위해 시간을 기꺼이 내주죠. 친구들의 걱정이 곧 그들의 걱정이기도 해요.

B 최악의 상황에도 제 옆에 있어준단 거네요?

A 그렇죠! 누군가의 진정한 성공은 우수한 두뇌라기보다는 균형화된 인맥에 달려 있어요. 여러분들이 흙속의 진주를 찾을 만큼 충분히 현명하길 바랍니다.

B 여기서 흙 속의 진주란 걸레 같은 사람인가요?

A 네! 그렇죠.

B 심지어 길거리에 오며가면서도 걸레 같은 사람을 만날 수도 있을까요?

A 하하! 그럴 수도 있겠죠.

주요 어휘 및 표현

- a mop person & a silk person: 걸레 같은 사람과 실크 같은 사람
- people who lead a successful life: 성공적인 삶을 이끈 사람들
- create a good relationship: 좋은 관계를 만들어 내다
- positively affect your life: 긍정적으로 당신의 삶에 영향을 미치다(negatively 부정적으로)
- squeeze out time: 시간을 짜내다
- stick with me: 나에게 붙어 있다, 나와 함께 있다
- at my worst: 최악의 상황에도(=even in the worst cases)
- depends on a balanced human network: 균형화된 인맥에 달려 있다
- in the rough: 미가공, 미완성인 채로
- a diamond in the rough: (1)가공하지 않은 다이아몬드, (2)세련미는 없으나 훌륭한 소질이 있는 사람, (3)흙속의 진주(=rough diamond)
- encounter someone like~: ~와 같은 사람을 우연히 만나다

재미있는 문화 이야기

앞의 대화에서 보듯, 성공한 사람들의 대부분은 우수한 두뇌만을 가지기보다는 다양하고 균형적인 인간관계를 유지하는 사람임을 알 수 있다. 어리석은 사람은 인연을 만나도 인연인 줄 모르고, 보통 사람은 인연인 줄은 알아도 이어 갈 줄 모르며, 현명한 사람은 소매 끝만 스친 작은 인연도 엮어내는 방법을 안다. 좋은 인간관계라 함은 나를 알리기보다 상대를 알아가는 과정에서 나를 성숙시키는 과정이라 할 수 있다. 이 과정에서 비단보다는 모두가 필요로 하는 걸레 같은 사람이 되는 것이 중요하다는 생각이 든다. 또한, 사회적 배경을 떠나 깊이 있는 대화와 넓은 안목을 지닌 흙 속의 진주 같은 사람을 찾을 수 있는 통찰력도 필요하다.

'clean & clear'는 동사로 '둘 다 치우다'의 뜻이지만 차이가 있다. 'I forgot to clean my room'과 'I forgot to clear my room'을 보자. 전자는 '쓸고, 닦고 청소한다'는 의미인 반면, 후자는 '물건을 한 곳으로 치우며 단순한 정리 정돈을 한다'는 의미이다.

'squeeze'는 주로 손으로 무언가를 '꼭 짜다' 내지는 오렌지 등의 즙을 '짜내다'로 쓰이지만, 좁은 곳을 비집고 '들어간다'는 의미로도 사용된다. 여기서는 바쁜 와중에도 시간을 '짜내다'로 표현되었다.

'at my worst'는 '최악의 상황으로'이며 'even in the worst cases'와 같다. 반대는 'at my best'이다. 'If you can't handle me at my worst, you don't deserve me at my best.' 즉, '최악의 상황에 나를 받아줄 수 없으면, 최고일 때의 나를 가질 자격이 없다'는 의미로 '행복할 때만 옆에 있으면 진정한 관계가 아니라'는 뜻이다.

통상적으로 우리는 '흙 속의 진주'라고 말한다. 하지만 영어로 표현할 때는 진주 'pearl'보다는 'diamond'라는 말을 쓴다. 'diamond'는 수차례의 정밀공정을 거친 것이라면, 'rough diamond'는 아직 가공을 거치지 않은 원석을 의미한다. 즉, '세상 밖으로 나왔을 때 그 가치가 비로소 빛을 발한다'는 의미라고 할 수 있다.

56 A Dog Person
애견인

Dialogue

A Welcome to my home! Say hello to my puppy, Enfant.

B Is this your dog? To be honest, I'm not a dog fancier.

A Oh, are you? Sorry but he is very friendly. Wanna pet him?

B As long as he doesn't bite me.

A Don't worry! He likes meeting new people.

B Wow! He's lovely and his fur is so soft. I feel like I'm holding a baby in my arms.

A Are you a cat person?

B Not really. My interest is in meeting new people.

A Ha ha! Does that mean you like talking with people?

B Yes. See why I'm a social butterfly?

A No doubt!

A 우리 집에 온 걸 환영해! 사랑하는 내 강아지, 앙팡에게 인사할래?

B 너의 강아지니? 솔직히 나는 개를 아주 좋아하진 않아.

A 오, 그래? 유감이야. 그런데 매우 다정한 편이야. 한 번 쓰다듬어 볼래?

B 나를 물지 않는다면.

A 걱정마! 팡이는 새로운 사람 만나는 것을 좋아해.

B 우와! 사랑스럽고 털이 부드러워. 내 팔에 아기를 안고 있는 느낌이야.

A 너 고양이는 좋아하니?

B 그렇게 좋아하진 않아. 나는 새로운 사람 만나는 것을 좋아해.

A 하하! 사람들과 이야기하는 걸 좋아한다는 거지?

B 그래. 내가 왜 소셜 버터플라이인지 알겠지?

A 당연하지.

주요 어휘 및 표현

- say hello to: (1)~에게 인사하다, (2)~에게 안부 전하다
- to be honest: 정직하게, 솔직하게 말해서
- fancier: (동물, 식물, 개)애호가
- wanna pet him: 그를 쓰다듬기를 원하다(pet 명사로 애완동물, 동사로 쓰다듬다)
- as long as: ~하는 한
- bite: 물다
- hold a baby in my arms: 팔에 아기를 안다
- a cat person: 고양이를 좋아하는 사람
- my interest is in ~: 나의 관심은 ~에 있다(=be interested in)
- a social butterfly: 사교성이 좋은 사람을 일컫는 말
- no doubt: 의심의 여지가 없는, 틀림없는

재미있는 문화 이야기

미국인의 반려견 사랑은 남달랐다. 언젠가 대형 반려견을 강의실로 데려온 교수님 수업을 들으면서 무서웠던 기억이 있다. 인디애나에서 부모님처럼 따랐던 교수님 부부와 캠핑용차(RV: Recreation Vehicle)로 콜로라도에 간 적이 있다. 그들은 언제, 어디서나 반려견을 동행했다. 며칠 동안의 여행 내내 나는 그들의 반려견과 동승해야 해서 난감했었다. 반려견에 대해 늘 불편한 인식을 갖고 있던 나에게 변화를 준 사람이 있었다. 영어 모임에서 처음 알게 된 그녀는 근육병이 있지만 늘 당당하고 주체적이었다. 현재 척수장애인협회장직을 맡고 있으며, 이동수단이 휠체어일 뿐 독립적이고 건강한 삶을 살고 있다. 한 번은 그녀의 집에 초대받았다. 그녀의 집에는 반려견 둘이 있었다. 재빠른 녀석 둘을 집 전체에 풀어두고 관리하기에는 벅찼기에, 한 공간에 두고 키운다고 했다. 조심스럽게 한 녀석을 나에게 안겨주었다. 얼떨결에 안긴 했지만 느낌이 포근했다. 그녀에게 있어 반려견은 가족 같은 존재였고 사랑을 주고받는 대상이었다. 그 포근함에서 가족 같은 사랑이 느껴졌다. 처음 느끼는 감정이었지만, 그날을 계기로 반려견에 대한 불편한 인식이 사라지게 되었다.

흔히 접하는 동물들의 이름과 그들의 새끼를 지칭하는 표현을 알아보자. dog: puppy, cat: kitten or kit, chicken: chick, pig: piglet, sheep: lamb(b는 묵음), goat: kid, duck: duckling, rabbit: bunny, bull or cow: calf(l은 묵음) 등이다. 'puppy love'는 직역을 하면 '강아지사랑'이지만 '풋사랑'이나 '철부지사랑'을 뜻하기도 한다.

'dog person'은 '개 사람'이 아니라 '개를 좋아하는 사람'이다. 특정명사에 'person'을 붙이면 직업이나 성향을 나타낼 수 있다. 예를 들면, sports person(=athlete: 운동선수), salesperson(판매원), counter person(카운터점원), media person(신문기자), mail person(우편배달원), middle person (중개인), paper person(신문배달원), night person(야행성 사람), morning person(아침형 사람) 등이다.

'social butterfly'는 직역을 하면 사교적인 나비로 '사교성 있는 사람'을 뜻하는데, 이는 양면적인 의미가 있다. 우선 낯을 가리지 않고 누구와도 잘 어울려 지내는 장점이 있는 반면, 사람들과 진득한 관계를 갖지는 못하는 단점도 있다.

57 A Kind of Bitter Sweet!

좋기도 하고 슬프기도 해!

Dialogue

A Hey, sweetie! I heard you're going back to Korea soon.

B Uh-huh. I'm going home in August before the new semester starts.

A Oh, I'll miss you. How long have you been staying in Indiana?

B About four years now. I think time really flies, right? I'll miss you, too.

A You can say that again. How do you feel?

B Well. It's kind of bitter sweet! Goodbye is one of the hardest things to say.

A We are planning to hold a going-away party at a new Chinese restaurant.

B What if I start crying? I'm sad as I have to say good-bye.

A Well, you can keep in touch.

B Keep some Kleenex nearby

A Ha ha! OK. We'll try to keep the mood light with upbeat music and fun games

Let's make our party memorable!

B Should we dress up?

A Nope! Just wear casual clothing as usual.

B OK! That would be nice!

A You can wear some nice jeans with a pretty top.

A 안녕, 친구! 곧 한국으로 간다며?

B 응, 학기 시작하기 전 8월쯤 갈 거야.

A 그렇구나. 네가 보고 싶을 거야. 인디애나에 얼마나 있었니?

B 4년 정도. 시간 진짜 빨리 가 그치? 나도 보고 싶을 거야.

A 정말 그래. 기분이 어때?

B 글쎄, 달콤 씁쓸한 느낌이야. 사실 헤어지는 건 제일 힘든 일이야.

A 좋은 기억으로 너를 보낼 송별파티를 새로 생긴 중국식당에서 할 계획이야.

B 울면 어쩌지? 작별은 언제나 슬퍼.

A 음~ 언제든지 연락하면 되지.

B 가까이에 티슈나 좀 준비해줘.

A 하하! 알았어. 분위기를 신나는 음악과 재미있는 게임으로 밝게 유지하도록 할게. 기억에 남는 파티로 만들어 보자!

B 옷은 갖춰 입을까?

A 아니, 그냥 편한 복장이 좋아.

B 알았어. 그게 좋겠다.

A 응, 그냥 예쁜 상의에 멋진 청바지를 입으면 돼.

주요 어휘 및 표현

- time really flies: 시간이 진짜 빨리 흐른다
- You can say that again: 정말 그래
- kind of a bitter sweet thing: 달콤 씁쓸한, 좋기도 하고 슬프기도 한 편(만감이 교차)
- hold a going away party: 작별파티를 개최하다(=farewell party)
- what if I start crying?: 울면 어쩌지?
- keep in touch with: ~와 연락하다
- keep the mood light: 분위기를 밝게 유지하다
- with upbeat music and fun games: 경쾌한 비트음악과 재미있는 게임으로
- memorable: 기억할 만한, 기억에 남을
- dress up: 정장을 갖추어 입다
- casual clothing as usual: 평소와 같은 평상복 의류

재미있는 문화 이야기

세계 어디를 가도 중국 음식점은 쉽게 찾을 수 있다. 세계 최대 인구수를 자랑하는 만큼 중국 음식점의 보급률도 높다. 요즘은 한류열풍의 영향과 한국의 달라진 위상 덕에 예전과는 달리 한국 음식점도 쉽게 찾을 수 있다. 내가 체류하던 당시는 한국 음식점이 흔치 않았기에 나는 종종 이웃과 지인들에게 부족한 솜씨지만 한국 음식을 대접하곤 했다. 한 번은 부모님처럼 따랐던 Dr. Houck 부부를 초대하여 미역국을 대접했다. Dr. Houck은 긴 턱수염 때문에 국을 드시는 것을 불편해 하였다. 게다가 미국인들은 해초류(seaweed)와 간장(soy sauce)을 선호하지 않는다는 것도 나중에 알게 되었다. 그분께는 미역국에 대한 기억이 좋지 않을 것이고, 나 역시 그 이후로는 미역국을 대접하지 않았다.

준비하기 전에 초대할 사람의 평소 식습관이나 선호음식 내지 좋아하는 맛을 기억해 두었다가, 그에 어울릴 만한 요리를 준비했다면 더 멋지지 않았을까 하는 아쉬움이 남았다.

앞 대화에서 귀국이 얼마 남지 않았을 때의 심정이 'bittersweet'이라 했다. 헤어짐은 'bitter'(쓴)이지만 만남은 'sweet'(달콤한)일 것이다. 즉, 반대 감정이 교차(mixed feeling)된다. '이별 뒤에 만남이 온다'는 말이 있다. 그런 이유인지 항상 'bitter'를 쓰고 후에 'sweet'을 쓴다. 고생 끝에 낙이 온다는 '고진감래'처럼 우리 삶도 늘 희비가 교차된다. 둘의 대화 중에 '스위티'(sweetie)라는 말이 나온다. 이는 주로 연인관계나 가족처럼 가까운 사이에 쓰이는 호칭이다. 다른 말로는 'daring', 'honey', 'sugar', 'sweetheart' 등이 있다. 'better half'라는 표현도 있다. 이는 나보다 나은 반쪽으로 배우자, 연인을 뜻한다. 'a bundle of joy'는 사랑스러운 아이를 가리키는 예쁜 표현이다.

'Kleenex'는 미국의 유명한 Kimberly-Clark Corp.가 소유하고 있는 미용티슈, 화장지, 아기기저귀, 마스크 등을 전문 생산하는 브랜드이다. 브랜드 이름이 화장지의 대명사가 되어 실제 'tissue'보다 더 많이 통용된다. 미국에서는 'tissue'는 세포들로 이루어진 '조직'이란 의미로 많이 쓰이는 경향이 있지만, 호주에서는 'tissue'가 '화장지'라는 의미로 보통 사용된다.

SECTION L

American National Holidays

미국 국경일

58. New Year's Day(새해)
59. Independence Day(독립기념일)
60. Thanksgiving Day(추수감사절)
61. Christmas(크리스마스)

58 New Year's Day
새 해

Dialogue

A What do you usually do on the Lunar New Year's Day?

B We give the elder members of the family a New Year's bow.

A A New Year's bow? What's that?

B It's a Korean custom. We do a deep bow to our parents and grandparents. We perform ancestral rites on the morning of the New Year's Day. Kids perform a New Year bow to elderly people as a token of blessings. The elderly people in turn give them some money as a token of blessings.

A That's a very interesting tradition. What else do you usually do?

B We eat many traditional foods.

A Do you have any special foods?

B Yep! We have a bowl of rice cake soup.

A Rice cake soup?

B Yeah, we believe that eating a bowl of the rice cake soup symbolically adds one year to our age and also white rice cake soup will bring us good luck in the New Year.

A 음력 설날에는 보통 뭐하니?

B 한국에서는 부모님께 세배를 드려.

A 설날에 세배를 한다고? 그게 무슨 뜻이야?

B 한국의 관습이야. 설날 아침에 부모님이나 조부모님께 큰절을 하고 제사를 지내. 아이들은 어른들께 새해 복 많이 받으라는 의미로 세배를 해. 그러면 어른들도 한 해의 복을 바라는 의미로 그들에게 세뱃돈을 주시곤 하지.

A 매우 흥미로운 전통이네. 그 외에도 하는 게 있니?

B 여러 전통음식을 먹어.

A 설날에 특별한 음식을 먹니?

B 응. 떡국을 한 그릇씩 먹어.

A 떡국이라고?

B 그렇지. 우리는 떡국을 먹으면 상징적으로 한 살 더 먹는다고 생각하고, 설날에 먹는 떡국이 행운을 가져올 거라고 믿어.

주요 어휘 및 표현

- Lunar New Year's Day: 음력 설날
- give a New Year's bow: 절(세배)하다(=do a deep bow)
- perform ancestral rites: 조상을 위한 의식을 치르다, 제사 지내다(=have a memorial service)
- on the morning of the New Year's Day: 새해 아침에
- custom: 풍습 관습(customs: 관습들, 세관, 관세)
- elderly people: 나이 드신 분들
- in turn: (1)차례로, (2)결국(결과적으로)
- as a token of blessings: 복을 받으라는 표시로
- a bowl of rice cake soup: 떡국 한 그릇
- symbolically add one year to your age: 상징적으로 너의 나이에 일 년을 더하다
- bring you good luck in the New Year: 새해에 너에게 행운을 가져다주다

재미있는 문화 이야기

내가 머물던 미국 외곽도시에서의 삶은 대부분 단조로웠다. 그래서인지 미국인들은 거의 매달 이벤트를 만들어 즐기는 편이었다. 파티를 준비하는 과정에서 소비, 지출이 일어나 경제가 원활히 돌아가고 파티에 대한 기대와 설렘이 무료한 일상의 활력소가 되어 주었다. 앞의 대화는 미국 친구에게 세배를 하고 떡국을 먹는 한국의 설날 전통에 대해 설명하는 부분이다. 음력의 개념을 몰랐던 친구는 신기해했다. 미국에서는 새해 첫날보다는 전날에 가족과 친구들이 모여서 파티를 주로 한다. 카운트다운을 기다리며 정각 12시가 되면 “Happy New Year!”라고 서로에게 덕담을 건넨다. 샴페인을 터뜨리고 새롭게 맞이하는 한해의 건강과 성공을 기리며 건배(toast)를 나눈다. 새해 전날에는 불꽃놀이를 곳곳에서 즐길 수 있다. 새해 당일에는 대부분의 식당과 마트가 휴업을 하고 한해의 시작을 계획한다.

음력 설날의 문화적 차이뿐만 아니라, 영어와 한글은 언어 자체의 다름으로 인해 표현의 한계가 있다. 미국에 살면서 경험한 예를 보면, 우선 무언가에 억울함을 느낄 때 적절한 표현이 없다. ‘a victim’은 ‘희생양’, ‘억울한 사람’이란 표현으로 그나마 그럴 듯하지만 아쉬움이 있다. ‘눈치’라는 표현도 그렇다. ‘눈치가 있다, 없다’는 정확한 표현이 모호하다. 흔히 ‘good sense’라고 하지만 센스와 눈치는 다르기에 부족한 느낌이다. 초코파이에 나오는 ‘정’도 마찬가지다. ‘heart’라고 표현하기는 아쉽다. 또한 노래가사에 나오는 ‘한 많은 이 세상’ 할 때 ‘한’도 설명하기에 난관에 부딪힌다. 단순히 ‘hate’나 ‘regret’으로는 부족하다. 언어의 장벽(language barrier)을 실감하는 순간이다. 반면에, 정확한 표현을 담은 단어도 있다. 예를 들어, 영어에 ‘karma’는 한글로 ‘업보, 인과응보’이며 ‘Good or bad, what you put out comes back to you!’는 ‘좋건 나쁘건, 네가 만든 것은 다 돌아온다.’ 즉, ‘행한대로 거둔다’는 의미이다. 이 말의 유래는 불교이다. 주변에 보면 나쁜 일을 저지른 자가 의외로 잘살고 있고, 선한 일만 하는데도 불우하게 사는 사람도 있다. 이런 상황을 두고 불교에서는 다음 생, 내세에서는 인과응보대로 거둘 거라고 한다. 미국 친구들이 이러한 격언에 동의할 때면 언어의 장벽을 넘어선 공감이 느껴지기도 한다.

59 Independence Day
독립기념일

Dialogue

A In Korea, we have Independence Day on August, 15th and also have Independence Movement Day on March. 1st.

B Are they different?

A Yes. Independence Movement Day is a Korean national holiday commemorating a nation-wide independence movement against the Japanese colonial rule. On the other hand, Korean Independence Day is a national holiday commemorating our country's liberation from the Japanese colony.

B A-ha! Thank you for your good explanation. Independence Day in the United States is on the fourth of July.

A I see. Sounds like it's the birthday of the United States, right?

B Yes, we became a free and independent nation on that day. We simply call it the Fourth of July. It's like Korean Independent Day on August 15th. right?

A I think so.

B We celebrate this national day with fireworks, parades, barbecues, picnics, concerts, baseball games, family reunions and so on.

A 한국에 8월 15일은 광복절이고 3월 1일은 삼일절이야.

B 이 두 기념일이 차이가 있니?

A 응. 3월 1일 독립운동일은 일본 식민통치에 대항해서 전국적으로 행해진 독립운동을 기념하는 날인 반면, 8월 15일 광복절은 일본 식민지로부터 우리나라가 독립한 날이야.

B 아! 이해가 돼. 설명 고마워. 우리는 7월 4일이 독립기념일이야.

A 그날이 미국의 탄생일이구나. 그치?

B 응. 우리는 그날에 자유를 쟁취해 독립국가가 된 거지. 간단하게 'Fourth of July'라고 부르기도 해. 8월 15일 광복절과 매우 비슷하지, 그치?

A 응, 그런 것 같아.

B 우리는 이 날을 불꽃놀이, 퍼레이드, 바비큐파티, 소풍, 음악회, 야구게임, 가족만남 등으로 기념해.

주요 어휘 및 표현

- Independence Day: 독립기념일(8.15) / Independence Movement Day: 독립운동의 날(3.1)
- commemorate: 기념하다
- nation-wide: 전국적으로 / world wide: 전 세계적으로
- against the Japanese colonial rule: 일본 식민통치에 대항해서
- on the other hand: 반면에
- liberation: 자유, 해방
- celebrate this national day: 이 국경일을 기념(축하)하다
- fireworks: 불꽃놀이, 불꽃놀이 하다
- family reunions and so on: 가족재회 그리고 기타 등등

재미있는 문화 이야기

앞의 대화에서 보듯이, 독립을 쟁취하기 위한 시위운동을 기념하는 날은 삼일절(3.1)로 '독립운동의 날'(Independent Movement Day)이고, 실제 독립을 이룬 날은 광복절(8.15)로 '독립의 날'(Independence Day)이다. 미국의 7월 4일에 해당된다. 이 날은 미국 전역이 불꽃놀이를 하며 독립의 날을 기리고 애도한다. 미국의 몇몇 주에서는 불꽃놀이가 불법이지만, 이 날만큼은 허용된다. 미국 시민들은 국기를 상징하는 파랑, 빨강, 흰색의 옷을 입고 사뭇 축제처럼 이 날을 즐겼다. 광장에서 국가를 따라 부르며 뭉클한 감동에 젖어 눈물을 흘리는 이들도 쉽게 볼 수가 있었다. 기념일 행사가 끝나면 많은 인파에도 불구하고 질서정연하게 움직이는 모습이 인상적이었다.

'commemorate'는 '축하하다, 기념하다'의 의미이다. 같은 의미로 'celebrate'와 'congratulate'도 있지만, 이들은 주로 기쁘고 즐거울 때 쓰이는 반면, 'commemorate'는 과거의 일들을 기념하거나 대체로 죽음 등 슬픈 일을 추모할 때 쓴다. 그러므로 '결혼기념일을 축하하다'를 'commemorate our wedding anniversary'로 쓰면 안 된다. '대구지하철 희생자들을 추모한다'는 'commemorate the victims of the subway fire in Daegu'라고 하며, '이순신 장군을 추모한다'는 'commemorate Admiral Yi Sun-shin'라고 한다.

'against'는 '~에 대항해서'이며 '찬성하다'는 'for'를 쓴다. 'I'm for it'과 'I'm against it'은 각각 찬성과 반대이다. "Are you for or against the result?"는 "결과에 찬성하니, 아니면 반대하니?"로 갑론을박 정도로 보면 된다. 찬성과 반대는 'pros and cons'이다. 여기서 'pros'의 어원은 'pro = for' 즉, '찬성'의 의미이며, 'cons'는 '반대'라는 의미를 가지는 'contra'의 축약형으로 'against'와 같다. 유사한 표현으로 '이해득실(손익)'은 'gains and losses', '장점과 단점'은 'merits and demerits' 또는 'advantage and disadvantage'이고 '가부'는 'yes or no'가 있다.

'On the other hand'는 '반면에, 한편으로'의 뜻이다. 기존 주장과 다른 주장이 있을 때 쓰인다. 'on the contrary'도 같은 뜻이지만, 이는 기존의 내용과 전혀 다를 때 쓰이며, 'on the other hand'는 두 가지 의견 중 전자와 다른 의견을 제시할 때 쓴다. 'in other words'라는 표현도 있는데, 이는 '다시 말해서'라는 의미로 이미 언급된 의견을 정리할 때 쓰인다.

60 Thanksgiving Day
추수감사절

Dialogue

A So, please tell me something about Thanksgiving Day in the United States.

B Above all, every family has its own tradition.

A Does your family have your own, too?

B Of course, my mom got a fabulous holiday recipe from my great-grandmother's cook book. Her turkey stuffing recipe includes only a few ingredients, but it's very tasty.

A Korean families have their own special recipes, too.

B Yeah. We also make desserts, appetizers, and side dishes for the holiday.

A My American mom usually makes a very delicious pumpkin pie.

B My favorite dessert is pumpkin pie, cooked by my grandma!

A My mouth is watering over just the thought of it.

A 이제 미국의 추수감사절에 관해 얘기해 줄래?

B 무엇보다 모든 가정은 그들 나름대로의 전통이 있지.

A 너희 가족도 가족만의 전통이 있다는 뜻이니?

B 물론이지. 엄마가 증조할머니의 요리책에서 멋진 홀리데이 요리법을 전수받으셨어. 칠면조 속을 채운 요리법은 재료는 몇 가지 안 되지만 진짜 맛있어.

A 한국 가족들도 자신들만의 특별한 요리법이 있어.

B 그렇지. 우리는 또한 디저트, 애피타이저랑 곁들이는 메뉴도 만들어 먹어.

A 내 미국엄마가 직접 만든 호박파이 맛이 끝내주는데.

B 내가 좋아하는 디저트도 호박파인데. 할머니가 만드신 거야.

A 생각만 해도 군침이 돌아.

주요 어휘 및 표현

- tell me something about~: ~에 관해 뭔가를 나에게 말하다
- fabulous holiday recipe: 멋진 명절 요리법
- great-grandmother: 증조할머니
- turkey stuffing recipe: 칠면조 속을 채우는 요리법
- a few ingredients: 몇몇 재료들
- side dishes: 곁들여 나오는 음식들
- pumpkin pie, cooked by my grandma: 할머니가 만드신 호박파이
- My mouth is watering over just the thought of it: 생각만 해도 군침이 돈다

재미있는 문화 이야기

미국에 머물 때 부모님처럼 따랐던 Dr. and Mrs. Houck 부부께서 우리 가족을 해마다 Thanksgiving Day(추수감사절)에 초대하셨다. 한국의 추석과 유사하며 매년 11월 넷째 주 목요일로 정해져 가족 간의 이동이 많은 날이기도 하다. 칠면조요리는 미국에서 전통적으로 내려오는 추수감사절 주요 메뉴로, 보통 오븐에 4시간 정도 익힌다. 엄청난 칠면조가 소비되는 날로 크랜베리소스를 함께 곁들여 먹으며 디저트로는 호박파이를 주로 즐긴다. 매년 진정 미국 문화를 몸소 체험하는 날이기도 했다.

추수감사절의 유래를 보자. 1600년대 영국의 순례자들이 종교의 자유를 찾아 대양을 힘겹게 건너 매사추세츠(Massachusetts)주에 도착하게 된다. 새로운 대륙에서의 겨울은 힘들고 고된 생활의 연속이라 굶주림, 추위, 질병 등으로 사망하는 이들이 늘자 매사추세츠에 거주하던 인디언들이 그들에게 살아가는 법을 가르쳐 주었다. 옥수수 심는 법, 낚시와 사냥 방법을 공유하며 이듬해 가을에는 풍성한 음식을 수확하게 되었고, 순례자들은 답례로 인디언들을 초대해 파티를 하게 된 것이 'Thanksgiving'이 되었다.

'fabulous'를 즐겨 쓰는 유쾌한 미국 친구가 있었다. 긴 머리에 턱수염(beard)과 콧수염(mustache), 게다가 구레나룻(whiskers)까지 기른 키 큰 백인이었다. 뭐가 그리도 신이 나는지 안부를 물을 때면 언제나 'fabulous'였다. 지금도 'fabulous man'으로 기억한다. 최근 안타깝게도 연락이 끊겼다. "out of sight, out of mind"(눈에서 멀어지면 마음에서도 멀어진다)인가 보다.

'stuff'의 사용은 다양하다. 우선 물건, 일, 것 등의 명사로 쓰인다. 여기서는 '채우다', '쑤셔 넣다'의 동사로 쓰였다. "She stuffed the money in the blanket."는 "그녀가 돈을 담요에 쑤셔 넣었다."의 뜻이다. 과거분사를 이용하면 뭔가 꽉 채워진 의미의 형용사가 된다. 예로, 'stuffed bear'는 '봉제인형', 'stuffed animal'은 '박제동물'이 된다. 미국 곳곳에는 'Build-A-Bear Workshop'이라는 'stuffed bear'를 만들어주는 가게가 있었다. 각자가 원하는 인형을 고르면, 직원들이 솜을 넣어주고 붉은 모양의 심장도 달아주었다. 이렇게 만들어진 인형이 바로 'stuffed doll'이 되었다. 생년월일, 이름, 신장, 몸무게와 눈 색깔 등이 적힌 주민등록증도 배부해 주기 때문에 여자 아이들 사이에서 인기가 높았다. 딸이 아직도 그 인형을 보관하며 그때 이야기를 종종 하는 걸 보면 아이들에게 특별한 추억으로 남는 듯하다.

후식은 'dessert'이다. 'ss'임을 주의하자. 참고로 'desert'는 명사로는 '사막', 동사로는 '버리다'의 의미이다. 강세는 명사일 때는 '앞', 동사일 때는 '뒤'에 있다. 과거분사로 쓰이면 형용사로 '버려진'의 의미가 된다. 예를 들어, 'deserted desert'는 '버려진 황량한 사막', 'deserted dessert'는 '버려진 후식'이 된다.

61 Christmas

크리스마스

Dialogue

A Christmas is around the corner. I need your help to buy a Christmas gift for my friend, Florence. She invited my family and it's my first time to be with an American family.

B Wow! Great! What time are you planning to go shopping?

A Around 10 in the morning. Do you want to go with me?

B Yes, I'd love to. Is it a Korean custom to prepare gifts for families and friends, too?

A Well, actually, it's not so common in Korea as in the United States. I saw Florence preparing gifts and long letters for each member of her family and friends. She said even though it took such a long time, it was worth the time. As far as I remember, she has more than 10 grandchildren.

B It's not surprising! Most Americans are very happy to spend money and time preparing gifts for their loved ones.

A I was s~~o amazed by the huge and luxurious Christmas tree in the center of her living room. It's a really fresh evergreen tree decorated with ornaments. Her gifts and long-written cards are kept under the tree on the morning of December 25.

B Ha ha ha! Yes! Her grandchildren believed that they were delivered by Santa Claus after he landed his reindeer and sled on the roof and came down the chimney.

A Ha ha! Kids are kids! What's your plan?

B My church will hold Christmas Eve candlelight services. Especially, I can't wait to see the reenactment of the birth of Jesus. You can join us if you like.

A 곧 크리스마스야. 내 친구 Florence에게 줄 크리스마스 선물 사는 데에 네 도움이 필요해. 그녀는 고맙게도 내 가족을 초대해 주었고, 우리는 이번이 미국 가족과 보내는 첫 크리스마스야.

B 우와! 멋진데. 쇼핑하러 몇 시에 갈 건데?

A 오전 10시쯤 갈 건데. 나랑 같이 갈래?

B 응, 좋아. 한국도 가족과 친구들에게 선물을 사는 게 관습이니?

A 음, 사실 미국만큼 보편적이지는 않아. Florence가 선물과 장문의 편지를 가족과 친구들 각각에게 준비하는 걸 봤어. 시간이 엄청 걸리지만 가치가 있어 보였어. 내가 기억하기에 그녀의 손자손녀들은 10명이 넘어.

B 그래, 그리 놀라운 일은 아니야. 대부분의 미국사람은 그들의 사랑하는 사람들을 위해 크리스마스 선물을 준비하는데 돈과 시간을 기꺼이 쓰는 편이야.

A 그녀의 집 거실 중간에 있는 크고 멋진 크리스마스트리에 엄청 놀랐잖아. 장식들로 꾸며진 신선한 상록수인데, 선물과 긴 글을 쓴 카드는 크리스마스 아침에 그 나무아래 놓이는 거지.

B 하하하! 맞아. 그녀의 손녀손자들은 산타클로스가 루돌프를 세워놓고 지붕 위로 썰매를 타고 굴뚝 아래로 내려온 후 선물과 장문의 카드가 배달된다고 믿고 있어.

A 하하! 애들은 애들이니깐. 너는 뭐할 거야?

B 교회에서 크리스마스이브 촛불 예배에 참석할 거야. 특히 예수 탄생에 관해 드라마화한 극이 너무 기대돼. 너도 원한다면 함께 가도 좋아.

주요 어휘 및 표현

- around the corner: 목전에 있는, 코앞에 와 있는
- worth the time: 시간을 들일 가치가 있다
- as far as I remember: 내가 기억하는 한
- spend money and time preparing~: 돈과 시간을 ~준비하느라 쓰다
- their loved ones: 그들의 사랑하는 사람들
- be s~~o amazed by: ~에 의해 너무도 놀라다
- in the center of~: ~의 중간에
- evergreen tree decorated with ornaments: 장식들로 꾸며진 상록수
- are kept under the tree: 나무아래 보관되다
- land his reindeer: 루돌프를 세워두다
- sleigh on the roof: 지붕 위로 썰매를 타다 / chimney: 굴뚝
- hold candlelight service: 촛불 예배를 거행하다
- the reenactment: 재연, 재현

재미있는 문화 이야기

크리스마스는 미국에서 가장 큰 명절이다. 미국인들은 크리스마스 장식에 엄청난 돈과 시간을 할애하는 것을 주저하지 않는다. 집 안팎을 크리스마스 장식을 하느라 한 달 월급을 고스란히 소비하는 경우도 있다. 가히 어느 가정을 방문해도 볼거리가 넘친다. 미국에서 맞은 첫 크리스마스가 기억이 난다. 초대를 받아서 간 친구의 집에서 여러 주에서 모인 가족들이 선물과 편지를 교환하며 즐거움을 나누는 것을 보며 강한 결속력을 느낄 수 있었다. 가족 간의 사랑과 격려를 아끼지 않는 그들만의 크리스마스 문화를 실제 경험할 수 있었던 따뜻한 시간이었다. 추수감사절과 마찬가지로 칠면조, 소고기, 오리요리 같은 메인 메뉴부터 과일, 케이크 같은 달콤한 디저트, 그리고 겨울에 맞게 핫 초콜릿(코코아)도 즐긴다. 크리스마스 당일에는 많은 상점이 문을 닫기 때문에 필요한 것은 미리 사두어야 한다.

'around the corner'는 '아주 가까이'를 의미하며 시간적·공간적으로 거의 다왔다는 뜻이다. "Happiness is around the corner."라는 표현이 있다. 즉 "고생 끝에 낙이 온다."이며 영어권에서 자주 쓰는 속담이다. "The summit is just around the corner."는 "정상이 코앞이야."라는 뜻이다. 아직 정상에는 안 왔지만, 가장 힘들 때 그리고 목표를 향해 달리는 이들에게 적절한 표현이다.

▶라스베이거스(야경)

SECTION M

Celebration

기념일

62. **Valentine's Day**(밸런타인데이)
63. **April Fool's Day**(만우절)
64. **Easter**(부활절)
65. **Mother's Day**(어머니의 날)
66. **Father's Day**(아버지의 날)
67. **Halloween**(할로윈)

62

Valentine's Day
밸런타인데이

Dialogue

A How was your Valentine's Day, Stacy?

B Yep, I had one memorable event at Red Lobster. The manager got two big lobsters from the tank and showed us what we were going to enjoy for dinner on the spot. This experience meant a lot to me. Actually my hubby is not a big seafood person. But he said it would be an experience he would never forget. What about you, honey?

A Wow! That's very nice. We had dinner at a new steak house on S. Walnut St. The price was OK. They had a special steak for Valentine's Day for only $39.99 per couple. But it was freezingly cold in the hall! I asked the waiter to make it warmer. Also, I was kind of offended that the manager walked around and asked every table, except mine, how their foods were. Seemed she just decided to bypass me intentionally.

B Oh, Gee! Sorry to hear that. Well, if you want a really good steak, go to Texas Roadhouse because the steaks are s~~o juicy. The staffs couldn't be better. Highly recommend this restaurant!

A Thank you for your information. You're the best, my friend!

B You bet! Surely worth a visit!

A 스테이시, 밸런타인데이 잘 보냈니?

B 응, 레드 랍스터에서 기억에 남을 만한 하루를 보냈어. 매니저가 커다란 가재 두 마리를 탱크에서 꺼내 우리가 먹을 거라며 즉석에서 보여줬어. 다른 어떤 경험보다 큰 의미가 있었던 것 같아. 실제로 남편은 해물을 그렇게 좋아하는 사람은 아니야. 그런데도 잊을 수 없는 경험이라고 했어. 넌 어땠어, 내 친구?

A 우와, 멋지네! 우리는 월넛가 남쪽에 있는 새로 생긴 스테이크 집에 갔어. 가격은 괜찮더라. 밸런타인 특별메뉴로 스테이크와 음료세트가 2인분에 39달러 99센트였어. 그런데 추워서 얼어 죽는 줄 알았어! 서빙 하는 분께 따뜻하게 해달라고 부탁을 했어. 또 화가 난 게 있지. 매니저가 모든 테이블을 다니면서 음식은 괜찮은지 묻는데, 나만 쏙 빼는 거야. 마치 일부러 나만 모른 체하려고 작정한 것 같더라고.

B 이런! 그랬구나. 진짜 속상했겠다. 있지, 맛있는 스테이크를 먹으려면 '텍사스 로드하우스'에 가봐. 고기의 육즙이 살아있어! 직원들도 최고로 친절해. 완전 강력 추천!

A 알려줘서 고마워! 역시 너뿐이야, 내 친구!

B 그래, 그래. 분명 가볼만 할 거야.

주요 어휘 및 표현

- on the spot: 즉석에서, 그 자리에서
- hubby: 남편(husband 약자)
- a big seafood person: 해산물을 좋아하는 사람
- for only $39.99 per couple: 두 명당 39.99센트
- make it warmer: 좀 더 따뜻하게 하다
- kind of offended: 화가 나는 편인, 열을 받은 편인
- except ours: 우리 테이블만 제외하고
- decide to bypass: 통과하기로 결심하다
- intentionally: 의도적으로
- Gee: (비격식)이런!, 헐!, 어머나, 아이참, 아이고
- s~~o juicy: 너무도 즙이 많은, 육즙이 살아있는
- the staffs couldn't be better: 직원들은 더 이상 친절할 수 없을 만큼 최고로 좋다
- Surely worth a visit!: 확실히 방문할 가치가 있어!

재미있는 문화 이야기

밸런타인데이(Valentine's Day)는 원래 그리스도교인 세인트 밸런티누스(Saint Valentinus)를 기리는 날이다. 3세기경 로마 황제는 미혼남자들의 군기문란을 이유로 입대 전 혼인을 금지했다. 하지만 세인트 벨렌티누스는 법령을 어기고 군인들의 혼인을 집례했다가 2월 14일에 처형당했다. 이후 그가 순교한 이 날을 축일로 정하고 '연인들의 날'로 기념하게 되었으며, 이 날이 밸런타인데이의 유래가 되었다는 설이 있다. 19세기 들어 영국에서 초콜릿을 주고받는 관습이 시작되었으며, 1980년대 중반 일본의 한 제과점의 상업광고가 계기가 되어 한국에서도 여성이 남성에게 초콜릿을 주며 사랑을 고백하는 날로 정착되었다.

'Red Lobster'는 미국의 유명한 바다가재 레스토랑이다. 이곳의 광고 문구 세 단어가 내 눈길을 끌었고 매력적으로 느껴졌다. '추적 가능하고(traceable) 환경 파괴 없이 오래 지속 가능하고(sustainable) 책임을 다하는(responsible)'이었다. 가게는 지금도 성업 중이다.

'Texas Road House'는 미국의 유명한 스테이크 하우스로, 'Trust Your Butcher Steakhouse'라는 비교적 긴 상호를 가지고 있다. '당신의 푸줏간인 스테이크 하우스를 신뢰하라'란 뜻이다. 'butcher'는 '푸줏간, 정육점'이라는 의미이다. 집 근처에 내가 자주 갔던 곰멜 정육점(Gommel Butcher's Shop)이란 곳이 있었는데, 주인인 마음 넉넉한 백인 할아버지가 늘 "Hi! Folks(folks: 사람들)" 하며 유쾌하게 인사를 하곤 했다. 합리적인 가격의 LA갈비는 맛도 좋았다. 또한, 미국인들에게 인기가 없는 사골 뼈를 거의 무료로 가져올 수 있었던 기쁨도 내 발걸음을 가볍게 했다.

LA갈비의 유래를 보자. 첫 번째 유래는 LA 한국교민들이 미국에서 갈비 부위를 칼 대신 절단기로 손질해서 먹었고, 그 지역의 이름을 따서 'LA갈비'가 되었다는 것이다. 또 다른 유래는 '측면으로 자른 갈비'를 뜻하는 의미에서 'Lateral Axis Rib'의 첫 글자를 줄여서 'LA갈비'라는 설도 있다. 'lateral'은 '옆면의, 측면의'이며, 'axis'는 '축, 도표의 축선'을 의미한다. 즉, '가로축 갈비'라는 뜻이다.

'$39.99 per couple'는 '커플 당 39달러 99센트'인데, 이런 표현을 볼 때마다 기분이 언짢다. 30달러대 같지만 세금(tax)과 팁을 포함하면 40달러가 훨씬 넘는 가격인데, 첫 자리가 여전히 30이라 감각이 무뎌진다.

63 April Fool's Day
만우절

Dialogue

A Hey! Do you know that today's class has been canceled? The professor will go to a conference.

B Hooray! God is on my side. Let's join a wrap party.

A Ha ha! You got pranked! April Fool! The class will be on time.

B Oh my! Remember last year? You texted me, saying that your friend was interested in me. So you gave me her phone number but I found out later that your friend was a man.

A Oh, did I? I don't remember.

B Come on! No more pulling my leg! I wasn't born yesterday.

A Sorry. You sent me on so-called fool's errands. But I like playing tricks on people and I don't mind if people play tricks on me. It's just one day of the year we can be really silly and have a laugh.

B I think you crossed the line. It just wasn't a fun.

A 얘들아! 오늘 수업이 취소된 거 들었니? 교수님께서 학회에 가신대.

B 만세! 역시 신은 내 편이야. 그럼 바로 뒤풀이 파티에 가자.

A 하하! 내가 놀린 건데. 만우절 장난이야! 수업은 정각에 시작할걸.

B 이런! 너 작년 기억나니? 네 친구가 내게 관심 있다면서 문자를 보냈잖아. 그리고 네가 내게 그녀의 번호를 줬어. 그래서 연락을 했는데 알고 보니 네 친구가 남자였더라고.

A 내가 그랬었나? 기억이 나질 않아.

B 그만해! 제발 그만 좀 놀려! 누구를 바보로 아는 거야?

A 미안해! 너도 내게 말 그대로 헛고생시켰잖아. 그래도 난 사람들을 놀리는 것도 좋고, 누가 나를 놀리는 것도 괜찮아. 일 년에 단 하루만 바보가 되고 웃을 수 있는 날이잖아.

B 그렇다 해도 넌 선을 넘었어. 단지 재미있기만 한 게 아니라고.

주요 어휘 및 표현

- has been canceled: 취소되었다
- Hooray!: 만세!(=Bravo)
- God is on my side: 신은 내편이야
- wrap party: 쫑파티, 뒤풀이
- You got pranked: 내가 놀린 거야, 네가 당한 거야
- April Fool!: 만우절에 하는 장난, 만우절 장난에 속아 넘어간 사람
- on time: 정각에(in time: 제시간에)
- text: 문자 보내다
- come on: 그만해, 왜이래!, 제발 좀!
- no more pulling my leg: 더 이상 놀리지 마
- I wasn't born yesterday!: 애송이가 아니야, 누굴 바보로 아니?(=I'm not a child any more)
- send me on fool's errands: 헛고생, 헛수고(바보 심부름)를 시키다
- so-called: 소위
- mind: 마음, 정신, 상관하다, 언짢아하다
- play tricks on people: 사람들을 놀리다, 속이다
- cross the line: 선을 넘다(go over line)

재미있는 문화 이야기

4월 1일을 'April Fools' Day'라고 하며, 이는 한국의 '만우절'이다. 미국에서도 학생들이 반을 이동하여 담당 선생님들을 당황하게 하는 해프닝을 즐긴다. 농담이나 장난에 깜빡 속은 이들을 'April fools'라고 한다.

'April Fools' Day'에 관한 유래는 여러 가지가 있다. 가장 그럴듯한 이야기는 다음과 같다. 고대에는 줄리안 캘린더(Julian Calendar) 달력을 활용했는데, 이에 따르면 4월 1일이 새해의 첫날이었다. 그러다가 16세기에 그레고리언 캘린더(Gragorian Calendar)로 바뀌게 되었으며, 이전의 3월 25일을 새해 첫 날(New Year's Day)인 1월 1일로 맞추어야 했다. 하지만 공문 전달이 몇 달이 걸렸던 시대였기에 바뀐 달력의 개념을 모르고 종전대로 4월 1일을 새해로 인식하고 선물을 주고받았던 의식을 놀리던 데서 시작되었다고 한다.

'come on'은 실제로 '오라'는 뜻도 있지만, 위 대화처럼 '그만하라'는 의미도 있고, '말도 안 되지, 왜 이래?, 그건 아니지' 등의 완곡한 부정의 의미도 있다. 또한 '자, 어서'라는 권유의 의미도 되고, '잘해봐, 파이팅' 등의 도전과 격려로도 쓰인다.

64

Easter
부활절

Dialogue

A Hey, what's up with all these eggs?

B Well, Easter is just around the corner. So I've been making colorful eggs for the Easter egg hunt.

A I see. But I'm just curious. How are the eggs related to Easter?

B I think eggs stand for the resurrection of Jesus Christ.

A What do Americans do on Easter?

B They spend time at church celebrating Jesus Christ's life and get together with friends and family for a special meal.

A Have you participated in an Easter egg hunt?

B Sure. Every year.
Those who had found many eggs won a huge prize. Unfortunately, I wasn't the winner.

A Any other traditions?

B Hum! the Easter bunny and chocolate. Rabbits usually give birth to litter of babies, so they become a symbol of new life.

A How are Easter eggs made of chocolate?

B Actually, the first chocolate was bitter and hard but now there're many chocolate lovers because chocolate-making techniques have been improved. It's very soft and sweet.

A 어이, 친구! 이 달걀들은 뭐니?

B 음, 곧 부활절이라서 달걀 찾기 놀이에 쓸 달걀을 색칠하고 있는 중이야.

A 아~ 달걀이 부활절과 무슨 관계가 있는지 궁금해.

B 달걀은 예수님의 부활을 상징하는 것 같아.

A 미국인들은 부활절에 보통 뭘 하지?

B 그들은 예수 그리스도의 삶을 기념하며 교회에서 시간을 보내기도 하고, 친구나 가족들과 특별한 식사를 하곤 해.

A 너도 부활절 달걀 찾기 놀이에 참여해 봤니?

B 응. 매년 참가했지. 많은 달걀을 찾은 사람들은 큰 상을 받아. 슬프게도, 난 못 받았지만.

A 다른 전통은 또 뭐가 있어?

B 음! 부활절 토끼와 초콜릿인데, 토끼는 한배에서 여러 새끼를 낳기도 해서 새 생명의 상징이기도 해.

A 초콜릿으로 만들어진 부활절 달걀은 어때?

B 사실, 처음에는 초콜릿이 쓰고 단단했는데, 지금은 기술이 향상되면서 초콜릿 애호가들이 많아졌어. 매우 부드럽고 달콤해.

주요 어휘 및 표현

- Easter egg Hunt: 부활절 달걀 찾기 놀이
- stand for: ~을 대표하다, 상징하다
- resurrection of Jesus Christ: 예수의 부활
- in thought, prayer and celebration: 생각하며 기도하며 축하하며
- participate in: ~에 참가하다(=attend, take part in, join)
- those who had found many eggs: 많은 달걀을 찾은 사람들
- win a huge prize: 큰 상을 받다
- bunny: (구어)토끼
- give birth to: 낳다, 출산하다
- litter of babies: 한꺼번에 여러 새끼(litter: (1)잡동사니, 쓰레기, (2)난잡, (3)(동물의) 한배의 새끼)

재미있는 문화 이야기

부활절은 예수 그리스도의 부활을 축하하는 기독교 최고의 명절이자 축일이다. 예수의 부활을 상징하는 달걀을 예쁘게 장식하여 선물로 주고받는다. 부활절의 풍습에는 달걀 굴리기(egg rolling), 달걀 사냥(egg hunting), 부활절 퍼레이드(Easter parades), 부활절 카드(Easter cards) 교환 등이 있다. 그 중 달걀 사냥은 여기저기 숨겨진 달걀 모형을 찾아내는 게임이다. 발견된 달걀 모형 안에는 초콜릿이나 핸드메이드 장식품 같은 작은 선물이 있다. 동심으로 돌아가 달걀을 찾아내는 즐거움과 선물을 받는 기쁨이 모두를 즐겁게 해주었다.

'community'는 '지역사회' 또는 '주민공동체'의 뜻이다. 예를 들어, 'the Korean community in CA'는 '캘리포니아의 한국인 사회', 'the local community'는 '지역주민', 'build up a sense of community'는 '공동체 의식을 쌓다' 등으로 사용된다. 인터넷 커뮤니티 등으로도 사용되는 친숙한 단어이다.

'those who' 동사는 '~한 사람들'의 의미로 활용도가 높다. 'those who had found many eggs'는 '많은 달걀을 찾은 사람들', 'those who love you'는 '너를 사랑하는 사람들', 'those who have and those who have not'는 '가진 자와 못가진 자', 'Heaven helps those who help themselves'는 '하늘은 스스로 돕는 자를 돕는다' 등 이를 활용하여 다양한 문장을 만들 수 있다.

'litter'는 뜻이 다양하다. 위 대화에서는 '한 배에서 난 새끼'의 의미이다. 또 다른 명사의 뜻으로 '쓰레기, 어질러진 것' 동사로는 '어지럽히다', '쓰레기를 버리다', '새끼를 낳다'(bear, reproduce), '기르다'(raise, breed, rear)의 뜻이 있다. 'a litter of'는 '어질러진', '어지럽게 흩어진'의 의미로도 쓰인다.

65 Mother's Day
어머니의 날

Dialogue

A Mother's Day is coming soon. The second Sunday in May.

B So soon? Time goes by so fast.

A I heard Mother's Day is the third largest card-sending holiday.

B Yeah! Kind of heavily commercialized, right?

A In my opinion, it's a good way to express heartfelt thanks to moms even though it has been criticized by some as a Hallmark holiday. My mom occupies a very special place in my heart.

B Yes, mom loves us unconditionally but we just take it for granted. Tell me about your mom.

A My mom doesn't talk much, but she's a good listener. She's wise, patient and considerate. She is always with me.

B I'm not sure if I can become such a good mom as my mom in the future. By the way, what do you have in mind for your mom?

A Hum... I'm thinking about sending a thank-you card and some money so that she can buy something she likes. What about you?

B I'm also going to give a thank-you card and a carnation I've made. I'm also planning to have a family dinner.

A ‘어머니의 날’이 곧 오네. 5월 두 번째 일요일이야.

B 그렇게 가까워? 시간 진짜 빨리 가네.

A ‘어머니의 날’이 카드를 보내는 날 중 세 번째로 큰 휴일이래.

B 응! 어느 정도 상업화되었다는 생각이 드는데, 맞지?

A 내 의견으로는, 비록 사람들이 홀 마크 카드회사의 휴일이나 다름없다며 비난하기도 하지만, 어머니께 따뜻한 감사를 전하는 것도 좋은 방법인 것 같아. 나의 어머니는 내 마음속에 특별한 자리를 차지하고 있어.

B 응, 엄마는 무조건적인 사랑을 베풀어 주셨는데, 우리는 이를 당연하게 생각하기도 했어. 너의 어머님은 어떤 분이신지 궁금해.

A 나의 어머니는 말씀이 없으신 편이야. 내 말을 잘 들어주셔. 현명하시고, 인내하시고, 사려가 깊으셔. 그리고 항상 내 편이시지.

B 나중에 내가 과연 엄마 같은 좋은 엄마가 될 수 있을지 모르겠어. 그나저나 어머니께 무슨 선물을 할 생각이야?

A 음. 엄마가 좋아하시는 것을 사실 수 있도록 감사카드와 용돈을 드릴 거야. 너는?

B 나는 내가 만든 카드와 카네이션을 드릴 거야. 가족 저녁식사도 계획 중이야.

주요 어휘 및 표현

- Time goes by so fast: 세월이 너무도 빠르다
- kind of heavily commercialized: 어느 정도 심하게 상업화 된
- express heartfelt thanks: 마음 따뜻한 감사를 표하다
- even though it has been criticized : 비록 비난받기도 하지만
- tims goes by so fast: 세월이 빠르다
- occupy a special place in my heart: 내 마음속에 특별한 자리를 차지하다
- love us unconditionally: 우리를 무조건적으로 사랑하다
- take it for granted: 그것을 당연히 여기다
- patient and considerate: 인내심이 있고 배려를 잘하는
- such a good mom as my mom(=as good a mom as my mom): 나의 엄마만큼 좋은 엄마(as+형용사+a/an+명사)

재미있는 문화 이야기

한국은 5월 8일이 '어버이날'이다. 반면, 미국에서 '어머니의 날'은 5월 두 번째 일요일이고, '아버지의 날'은 6월 세 번째 일요일로 따로 정해져 있다. '어머니'라는 말은 뭉클한 울림이 있다. 나이를 먹을수록 그 울림이 커지는 듯하다. 마음의 울림과 고마움을 전달하기에는 카드만한 것이 없다. 미국은 '어머니의 날'에 감사카드를 쓰는 것이 보편적이다. 대표적인 카드회사 중 하나가 홀 마크인데 '어머니의 날'에 가장 큰 흑자를 낸다고 한다.

나에게도 역시 어머니는 큰 힘과 용기가 되어주셨다. 말씀이 많지 않으셔서 칭찬을 표현해 주시지는 않으셨지만, 항상 차분하게 나를 지지해 주셨다. 아이를 낳고 엄마가 되어보니, 자식을 믿고 기다려주는 것이 쉽지 않은 일이었음을 알게 되었다. 세상에서 가장 아름다운 단어는 '엄마'라고 했던 터키 친구가 했던 말이 문득 생각난다.

'mother'가 들어간 표현을 보자. 먼저 mother nature는 말 그대로 자연을 어우르는 힘인 '대자연'을 뜻한다. 'Nature calls me.'는 직역하면 '자연이 나를 부른다'는 의미이지만, '화장실에 간다'는 생리적 현상을 뜻한다. 'nature calls'라고도 한다. 잠시 빗겨나간 얘기를 하자면, 'number one'은 소변(pipi), 'number two'는 대변(poo/ poop)이다. 나는 농담으로 'number three'는 설사(diarrhea)라고 건네며 주변을 웃게 한 기억도 있다. 'mother tongue'도 있다. 모국어로 'first language'라고도 한다. 'tongue'은 '혀 혹은 말'이다. 재미있는 'tongue twist'를 해보자. 'She sells sea-shells at the sea-shore.'는 한 번에 성공하기에는 쉽지 않을 것이다. 또 다른 표현으로 'mother's apron'은 즉, '엄마 치마폭'이 있다. 독립적이지 못하고 의존적인 아이를 칭한다. 'motherly approach'는 모성적 접근으로 내가 지향하는 수업법이자 소통방식이기도 하다.

66

Father's Day
아버지의 날

Dialogue

A What do you usually do on father's day?

B Well, My family just get together for dinner, but last year we didn't do anything special because my daddy was on business trip.

A I'm thinking about what my daddy has done for me.

B Oh! Do you have any good memories?

A Yep! He kept buying me such an expensive fruit like bananas whenever I was sick.

B Bananas were that expensive?

A Yes, they were the most expensive fruit when I was a little girl. I clearly remember how happy I was when he bought me a bundle of bananas. Now I call it 'Banana Love' from my daddy. He also bought me canned pineapples because I really liked them in my childhood.

B Ha ha ha! Banana love and canned pineapple love!

A Uh-huh! His great love helped me overcome so many difficulties in my life. Now it's time to become a good daughter for him. I just want to make many beautiful memories with him.

B I think you're a good daughter.

A '아버지의 날'에는 주로 무엇을 하니?

B 음, 보통 가족끼리 모여서 저녁을 먹어. 근데 작년에는 특별한 걸 하지 않았어. 아빠가 출장을 가셨거든.

A 아빠가 내게 해주신 것들이 생각나네.

B 아, 그렇구나. 좋은 추억 생각나는 거 있어?

A 응. 아빠는 내가 아플 때마다 엄청 비싼 과일인 바나나를 계속 사주셨어.

B 바나나가 그렇게 비쌌어?

A 응. 내가 어릴 때는 가장 비싼 과일이었어. 아빠가 바나나 한 다발을 사오시면, 얼마나 행복해 했는지 생생히 기억이 나. 나는 그걸 '바나나 사랑'이라고 부르지. 또한 파인애플 통조림도 사주셨어. 어릴 때 내가 엄청 좋아했거든.

B 하하하! 바나나 사랑과 파인애플 통조림 사랑이네!

A 응, 그렇지! 아버지의 큰 사랑은 내가 살면서 마주한 많은 어려움들을 극복하는 데 힘이 되었어. 이젠 내가 좋은 딸이 되어드릴 때야. 아버지와 아름다운 추억을 많이 만들고 싶어.

B 좋은 딸이구나.

주요 어휘 및 표현

- get together: 모이다, 모으다
- think about what my daddy has done for me: 아빠가 내게 해주신 것에 대해 생각하다
- such an expensive fruit like bananas: 바나나와 같은 그런 비싼 과일
- a bundle of bananas: 바나나 한 다발 / a bundle of joy: 기쁨 덩어리, 소중한 자식을 의미함
- in my childhood: 나의 유년시절에
- help me overcome so many difficulties: 너무도 많은 난관을 극복하도록 도움을 주다

재미있는 문화 이야기

6월 세 번째 일요일인 '아버지의 날'은 'Sonora Dodd'라는 여성의 생각에서 비롯되었다. 그녀는 미국 워싱턴주 한 교회에서 '어머니의 날'을 맞아 설교를 듣던 중 홀로 6남매를 키우며 고생하신 아버지를 떠올리며 '아버지의 날'도 있어야 한다고 생각했다. '아버지의 날' 제정을 위해 백방으로 뛴 결과, YMCA를 통해 1910년 첫 '아버지의 날' 행사를 할 수 있게 되었다.

유감스럽게도 '아버지의 날'은 ' 어머니의 날'보다 반응을 얻지 못했으며, 실제 나 역시도 미국에 있는 동안 '아버지의 날'에 대한 특별한 기억이 없다. '아버지의 날'을 기념하여 소소하게 가족 간의 외식이나 선물증정은 있을 수 있으나, 매체를 통한 행사나 축하파티는 없었다. 어느 나라건 아버지는 어머니의 뒤에 가려지는 듯하다.

나는 어려서 몸이 약해 자주 아팠는데, 그때마다 아버지는 다른 형제들 모르게 바나나와 통조림 파인애플을 말없이 옆에 두고 가시곤 했다. 그때는 너무나 귀하고 사기도 어려운 것들이었다. 그런 값비싼 걸 사 주시면서도 멋쩍으셔서 아무 말 안하시고 가시던 아버지의 뒷모습이 아직도 생생하다. 아버지와 쌓은 추억을 떠올릴 때마다 애잔하고 가슴 한구석이 쓰리기도 한 아픈 추억은 누구에게나 있을 것이다. 그러한 아버지의 사랑이 내가 수많은 굴곡(ups and downs)을 겪을 때마다 큰 힘이 되었다는 생각을 하면 가슴 한쪽에 뭉클함이 있다.

'father'하면 연상되는 에피소드가 있다. 'father'의 'f'발음이 한국어에는 없으므로 'th', 'r' 발음 등과 마찬가지로 연습을 하곤 했다. 코드 스위칭(code switching: 두 언어 이상을 교체하여 사용하는 현상)과 관련된 해프닝이다. 미국은 한국과 단위 개념에서 차이가 있고, 키(신장) 역시 한국은 'cm'인 반면, 미국은 'feet' 단위를 사용한다. 운전면허 취득을 위한 신체검사에서 관계자들은 내 키를 물었고, 나는 자신 있게 '오(5) feet and three inches'라고 했다. 그들은 재차 물었고, 나는 계속 'feet'만 초점을 맞추어 발음했다. 'f' 발음만 너무 집중하다가 5를 '파이브'로 발음하는 것을 잊고 계속 '오'로 표현했던 것이다.

또 다른 잊을 수 없는 에피소드가 있다. 나는 딸과 종종 인디애나폴리스로 쇼핑을 가곤 했는데, 그날은 폰을 가져가지 않은 게 화근이었다. 화장실을 간 딸을 문에서 기다리는데, 시간이 지나도 나오지 않아 점원에게 "혹시 다른 문도 있나요?"(Do you have another moon?)이라고 물었더니, 직원의 큰 흰 눈동자가 더욱 커졌으며 당황해하는 기색이 역력했다. 나는 똑같은 질문을 반복했고, 그 직원은 옆 직원들과 소곤거리며 집게손가락으로 하늘을 가리키는 등 이상한 반응을 보였다. 다행히 딸은 왔고, 그때서야 깨달았다. "Do you have another moon?"이 아니고 "Do you have another door?"이라는 것을. 'door'가 우리말로 '문'이고, 'moon'은 밤하늘에 떠있는 '달'이다. 'dumb-founded'(어이없는)이란 단어가 이럴 때 가장 적절하지 않을까 싶다.

67

Halloween

할로윈

Dialogue

A Do you have special events in mind for Halloween?

B Yeah, I'm going trick-or-treating with my daughter.

A Are you going door to door?

B We'll walk around our neighborhood.

A You just shout, 'Trick or Treat' when they open the door, right?

B Yep! Then they just give us candies.

A What does your daughter think of Halloween?

B She likes wearing special costumes for Halloween. Is your son wearing Halloween costumes?

A Yes, his costume is Spiderman. He is going trick-or-treating with his dad. I'm going to stay home and make some pumpkin pies.

B Happy Halloween! Have fun!

A 할로윈 때 뭐 특별한 계획이라도 있니?

B 응. 딸과 'trick or treating'을 즐길 예정이야.

A 너는 집집마다 갈 거야?

B 우리는 동네를 돌아다닐 거야.

A 사람들이 문을 열면 너는 'trick or treat'이라고 외치겠네.

B 그렇지. 그러면 우리에게 사탕을 주는 거지.

A 너의 딸은 할로윈에 대해 어떻게 생각해?

B 내 딸은 할로윈 복장을 좋아해. 너의 아들도 할로윈 복장을 입니?

A 응, 내 아들은 스파이더맨 복장이야. 아빠와 'trick or treating' 할 예정이고, 나는 집에 있으면서 호박파이를 만들 거야.

B 해피 할로윈! 재미있게 보내.

주요 어휘 및 표현

- trick or treat: 과자를 안주면 장난칠 거야.
- door to door: 집집마다, 출발지에서 도착지까지
- Halloween costume: 할로인 복장
- pumpkin: 둥글고 누런 호박(초록색 애호박 zucchini와 구별)

재미있는 문화 이야기

미국에서 만난 파키스탄 친구가 있다. 그녀의 아들과 내 딸은 같은 학교 동급생이라, 그녀와는 자연스럽게 학부모로 처음 알게 되었다. 후에 'International Women's Club'(국제여성클럽)의 회원인 걸 알게 되면서 더욱 가까워졌고, 앞의 대화는 서로 할로윈 파티에 관한 이야기를 나누는 상황이다.

할로윈은 10월 31일이다. 성인인 'saint'과 'evening(een)'의 합성어로, '성인들의 전야제'라는 의미이다. 그리스도교의 축일인 11월 1일 전날에 죽음의 신을 달래고 악령을 쫓기 위해 치러진 행사가 기원이 되었다고 한다. 영국에서 시작되었으나, 19세기 중반 영국의 기근으로 많은 이들이 미국으로 이주하게 되면서 점차 미국의 대표적인 축제로 자리 잡게 되었다. 대표적인 소품으로 'Jack-o-lantern'이 있다. 호박으로 만든 등불로 영혼들의 길잡이 역할을 한다고 한다. 또한 'Trick or Treat' 이벤트도 있다. 이는 사탕이나 과자를 주지 않으면 장난을 칠거라는 의미로, 섬뜩한 복장을 한 아이들이 이집 저집을 돌며 작은 먹거리를 받아오는 풍습이다. 내 딸 역시 'Trick or Treat'으로 받아온 사탕을 두고두고 1년은 먹었던 기억이 난다.

글을 마무리하며:

'의사소통능력'(Communicative Competence)은, 영어교육에서 빈번히 나오는 말이다. 이는 상대가 전하는 메시지를 이해하고 자신의 생각을 전할 수 있는 능력으로 '언어학습의 궁극적인 목표'라고 할 수 있다. 언어학자 Halliday는 '언어의 상호작용'(Interactional Functions)에 의미를 두었다. 언어기능에 있어 단순 문장의 이해를 넘어 상대를 격려, 칭찬할 수 있는 상호교감의 역할을 강조했다. Canale & Swain은 의사소통능력 중에서 특히 '사회언어학적'(Sociolinguistic Competence) 측면을 부각시켰다. 이는 언어의 사회성에 초점을 맞춰 상황과 조화를 이루는 적절한 대화 능력을 뜻한다. 즉, 언어습득 과정은 정보교류, 감정공유, 사회적 맥락을 파악해 나가는 멀고 긴 여정이다.

이 책은 현장수업 중 학생들이 궁금해 하는 실생활 대화들을 나의 미국생활을 바탕으로 담아보았다. 이 책이 실질적인 영어활용에 도움이 되고, 더 나아가 적극적인 학습 의욕을 고무시켜 준다면 더 없이 기쁠 것이다. 길고 긴 영어의 세계에 '조금 먼저', '조금 멀리' 가 있는 사람으로서 경험한 것을 적어본 이 책이 이제 시작하는 학습자들에게 등대 역할을 해주길 바란다. 다음은 헬렌 켈러의 말이다. "Walking with a friend in the dark is better than walking alone in the light." "친구와 함께 어둠 속을 걷는 것이 빛 속을 혼자 걷는 것보다 낫다."고 언급된 문장처럼 이 책이 긴 여행의 동반자가 되길 희망한다.

책을 쓰는 동안 깜깜한 터널을 경험했다. 도저히 빛이 보이지 않는 어두운 시간의 연속이었다. 하루 중 가장 어두울 때는 '해뜨기 직전'이라고 한다. 어제의 깨달음이 오늘의 원동력이 되어 내일의 실천으로 이어지는 날들이 반복된다면, 내가 정한 목적지에 깃발을 꽂을 날이 멀지 않을 것이다. 다음의 말들을 하루에도 여러 번 되뇌어 보자. 그리고 변화를 직접 느껴보자.

If you cannot fly, then run. 날 수 없으면 달려라.
If you cannot run, then walk. 달릴 수 없다면 걸어라.
And if you cannot walk, then crawl. 걸을 수 없다면 기어라.
But whatever you do, you have to keep moving forward. 무엇을 하든, 계속 전진하라.